Anita Martiny

RÄUCHERN

Kraft durch innere Reinigung

*Mit dem Rauch
aus Kräutern und Gewürzen zum
seelischen Gleichgewicht*

Originalausgabe

WILHELM HEYNE VERLAG
MÜNCHEN

HEYNE RATGEBER
Body & Soul
Nr. 08/5218

Besuchen Sie uns im Internet:
http://www.heyne.de

Umwelthinweis:
Dieses Buch wurde auf chlor- und
säurefreiem Papier gedruckt.

Copyright © 1998
by Wilhelm Heyne Verlag GmbH & Co. KG, München
Printed in Germany 1998
Konzeption und Realisation: Livingston Media, Hamburg
Lektorat: Gisela Klemt und Barbara Radke
Umschlaggestaltung: Atelier Bachmann & Seidel, Reischach
Umschlagabbildung: Elmar Kohn, Studio für Werbefotografie, Landshut
Satz: Schaber Datentechnik, Wels
Druck und Bindung: Ebner Ulm

ISBN 3-453-14079-6

Inhalt

Vorwort 9

Die Renaissance eines uralten Brauchs 11

Stille und inneren Frieden im Alltag schaffen ... 12
Spirituelle Öffnung mit Hilfe von
heiligem Rauch 14

Aus der Geschichte des Räucherns 17

Vor- und Steinzeit: Von der Feuerstelle
zur Magie 17
Die antiken Tempel: Räucherkammern
als »Reinigungsschleusen« 19
Die griechische Orakelkunst:
Keine Prophezeiung ohne Rauch 24
Die römischen Dampfbäder und die
moderne Sauna 26
Die Indianer: Rauchzeichen und Stammesritus .. 28
Die Europäer: Auch unsere eigenen
Vorfahren räucherten 32

Wie und warum wirken Räuchereien? 35

Rauchdüfte, Aromastoffe und Parfüme 37
Wissenswertes über die Wirkungsweise
von Rauch 38

Die Grundstoffe von Dampf
und Rauch 42
Mit fünf Sinnen genießen, bis der sechste
sich öffnet 43
Schall und Rauch: Über die Kombination
von Düften und Tönen 46
Reinigung und Klarheit 50
Innere Ruhe und Öffnung für
kosmische Energien 51
Botschaften an die Götter 53
Rauch als Opfergabe 55
Gemeinschaft schaffen – Räuchern
mit Freunden 56
Eins sein mit der Natur 58
Grenzbereiche: Rauch und Rausch 60

Räucherrituale und -zeremonien 63

Räuchern in Tempeln und Kirchen 64
Räuchern zur Sommersonnenwende 65
Räuchern zur Wintersonnenwende 67
Räuchern zur Tag- und Nachtgleiche 68
Persönliche Räucherrituale 69

Räucher-Utensilien 75

Räucherstäbchen 76
Räucherkegel 77
Räucherschalen 79
Duftlampen 81
Kerzen 83

Räucher-Praktiken 87

    Die Technik des Räucherns 88
    Räuchern für Heilzwecke 90
    Die Reinigung der Atmosphäre 93
    Die energetische Reinigung von Räumen 97
    Die spirituelle Reinigung 104
    Die Reinigung von Aura und Seele 107
    Schlechte Schwingungen vertreiben 111
    Das Reinigen von Gegenständen mit Rauch ... 113

Womit kann geräuchert werden? 117

    Harze 117
    Hölzer 122
    Kräuter 125
    Blüten, Samen und Staubgefäße 128
    Spezielles Räucherwerk für Festtage 131
    Persönliche Räuchermischungen 133
    Spezielle Räuchermischungen (Rezepte) 137
    Wo bekommt man die geeigneten Substanzen
    zum Räuchern? 145

Nachwort 149

Anhang 151

Literaturhinweise 153

Bezugsquelle 157

Register 159

Vorwort

Das Räuchern ist so alt wie die Menschheit selbst – es gibt in der Geschichte kaum eine Epoche oder Kultur, in der nicht auch Räucherrituale bekannt waren. In Asien, Afrika, Australien und Südamerika gehört diese Tradition heute noch zum Alltag vieler Menschen, doch auch in Europa wird sie seit einigen Jahren wiederentdeckt. Neben vielfältigen esoterischen Praktiken, die sich etwa mit Edelsteinen, Farben oder Düften beschäftigen sowie mit anderen Ritualen unserer Vorfahren – insbesondere aus der schamanischen Tradition – kehrt das Räuchern mit Harzen, Kräutern und Hölzern in unser Leben zurück.

Schon vor Urzeiten war es untrennbar mit allen Ritualen, Zeremonien und magischen Handlungen verbunden, und auch heute gibt es viele Gelegenheiten, ein Fest oder Ritual mit Räuchereien zu verbinden.

In unserer modernen westlichen Gesellschaft war in den vergangenen Jahrzehnten alles tabu, was mit Spiritualität und Mystik zusammenhing; die Menschen hatten sich von ihren Wurzeln gelöst und glaubten nur noch an Fortschritt und Technik. Doch jahrtausendealte Traditionen lassen sich nicht einfach vernichten – die Renaissance der esoterischen Bräuche hat längst begonnen und bereichert unser modernes Leben. Die meisten Menschen empfinden zwischen einer Hightech-Gesellschaft und mystischen Praktiken keinen Widerspruch mehr – scheinbare Gegensätze sind längst eine fruchtbare Verbindung eingegangen.

Dieses Buch richtet sich an alle diejenigen, die Räuchereien schon immer einmal ausprobieren wollten, jedoch nicht wußten, wie und womit. Es soll Vorbehalte abbauen und neugierig machen, selbst mit dieser alten Tradition zu experimentieren, wobei jeder seine persönlichen Erfahrungen mit den verschiedenen Substanzen machen wird. Die angegebenen Kräuter, Hölzer, Blüten oder Samen sind so ausgewählt worden, daß sie leicht zu beschaffen ist, und sogar viele unserer bekannten Küchengewürze eignen sich hervorragend für erste Versuche mit dem Räuchern.

Sie werden sehen – Räuchern ist einfach und macht Spaß, also nur keine Hemmungen!

Anita Martiny

Die Renaissance eines uralten Brauchs

In unserer hektischen, leistungsbetonten Zeit sehnen sich viele Menschen verstärkt nach einer Möglichkeit, sich einmal vom Alltag zurückzuziehen, weshalb zahlreiche Entspannungstechniken immer mehr Anhänger finden.

Die menschliche Seele ist nicht dafür geschaffen, ununterbrochen im Materiellen zu verharren – zu einem ausgeglichenen und vor allem glücklichen Leben gehört mehr als nur eine regelmäßige Gehaltserhöhung. Nicht zuletzt durch diese Erkenntnis wurden viele esoterische Praktiken neu entdeckt. Auch das Räuchern kann die innere Einkehr unterstützen und vielleicht eine Lücke im Bedürfnis nach persönlichen Ritualen schließen.

Bei der Besinnung auf diesen uralten Brauch sollte nicht von Bedeutung sein, ob das Feuer und mit ihm das Wissen um das rituelle Räuchern einst durch göttliche Boten überbracht oder durch Ausprobieren entdeckt wurde – die Wirkungen der verbrannten Natursubstanzen sind für jeden einzelnen spürbar und nachprüfbar.

Räuchereien wurden und werden für verschiedene Zwecke eingesetzt, zum Beispiel

- bei Reinigungsritualen,
- bei religiösen Ritualen, die meist der Bewußtseinserweiterung dienen,
- bei der Heilung von Krankheiten,
- zur Wiederherstellung des inneren und äußeren Gleichgewichts und
- als Zeichensprache, sowohl der Menschen untereinander als auch bei Bitten an die Götter.

Die verschiedenen, mit bestimmtem Rauchwerk verfolgten Absichten sind oft miteinander verknüpft. Ein religiöses Ritual – also eine Opfergabe an die Götter – kann beispielsweise gleichzeitig eine reinigende und beruhigende Wirkung haben. Ebenso kann das Räuchern zur Heilung von Krankheiten mit einer Bewußtseinserweiterung Hand in Hand gehen. Das Räuchern umfaßt eine Vielzahl von Wirkweisen, auch wenn uns dies nicht immer bewußt ist.

Man kann also sagen, daß es sich um eine ganzheitliche esoterische Technik handelt, die eine spirituelle, geistige, seelische und auch eine körperliche Dimension hat.

Stille und inneren Frieden im Alltag schaffen

Ein Räucherritual sollte stets mit Muße durchgeführt werden und erfordert deshalb einen gewissen Zeitaufwand. Unabhängig von dem speziellen Effekt, den jede verbrannte Substanz hervorruft, hat das Räuchern auch eine allgemeine Wirkung: Es dient der Entspannung, dem Innehalten und der Zentrierung in der Gegenwart.

Zum Vergleich sei hier die berühmte japanische Teezeremonie genannt: Auch hier geht es am wenigsten um das Trinken eines winzigen Schluckes grünen Tees, sondern vielmehr um die Veränderung des inneren Zustandes durch die Konzentration auf das Tun mit der dazugehörigen Muße.

Der Umgang mit Feuer, und sei es auch noch so klein, erfordert unsere Aufmerksamkeit. Unser Geist wird zum Innehalten gebracht, da sich das Bewußtsein auf die Gegenwart, auf das Handhaben der Gegenstände konzentrieren muß. Dieser fast meditative Hintergrund ist allen Feuer- bzw. Räucherritualen gemeinsam.

Wenn wir eine kleine Räucherzeremonie zum Bestandteil unseres Alltags machen, werden innere Ruhe und Frieden in ihm stets einen Platz haben.

> **Räuchern bedeutet eine Auszeit für die Seele.**

Fernab von der Hektik des Berufslebens kommen wir zurück zur Stille des Ursprungs. Wir können unseren Geist auf das Ritual konzentrieren und uns so von Zeit und Raum lösen.

Diese Rückkehr zur Stille kann natürlich auch durch andere meditative Techniken erreicht werden. Dennoch hat die Wirkung eines Räucherrituals entscheidende Vorteile: Die verbrannten Substanzen üben eine zusätzliche Wirkung auf uns aus. Durch die Auswahl einer speziellen Substanz können wir die Art der Veränderung unseres inneren Zustandes gezielt bestimmen, wobei wir beim Räuchern stets eine ganze Bandbreite innerer Veränderungen erleben können. Die durch das Ritual erreichte innere Ruhe kann also durch das Verbrennen bestimmter Substanzen verstärkt werden.

Spirituelle Öffnung mit Hilfe von heiligem Rauch

Bei allen Völkern gab und gibt es bestimmte Substanzen, die als heilig gelten. Das Verbrennen dieser Kräuter, Harze oder Hölzer ist meist in religiöse Zeremonien eingebunden. Neben dem Aspekt des Götteropfers hat jeder heilige Rauch aber auch eine spezielle Wirkung: Geist, Seele und Bewußtsein der Gläubigen sollen gereinigt und für das Göttliche spirituell geöffnet werden.

Manche Substanzen haben eine bewußtseinserweiternde Wirkung und dienen somit dem *spirituellen Erleben*.

> **Räuchern kann spirituelles Erleben bedeuten.**

Die Gläubigen sollen durch das Einatmen des heiligen Rauchs aus ihrer Alltagswelt herausgehoben und ein Stück näher an die göttliche Ebene herangeführt werden.

Der Einfluß von Rauch auf den Geist und das Bewußtsein ist seit altersher bekannt – mit ihm läßt sich eine Veränderung des Bewußtseins am schnellsten herbeiführen. Der schlichte Glaube an das geschriebene oder gesprochene Wort, wie es im Christentum praktiziert wird, ist eine eher seltene und vielleicht auch schwierige Art des Glaubens. Viele Völker gestalten ihr religiöses Leben innerhalb eines breiteren Spektrums: Es gibt nicht nur Glaubensgrundsätze, die auswendig gelernt werden sollen, sondern auch das praktische spirituelle Erleben.

Durch inneres Erleben wird aus Glauben Gewißheit.

Viele Rituale von Stämmen oder Hochkulturen zielten darauf ab, die Gläubigen in einen Zustand zu versetzen, der sie die göttlichen Welten persönlich erleben ließ. Die entsprechenden Rituale setzten sich aus vielen Bestandteilen wie spiritueller Musik und festgelegten Handlungen zusammen. Doch der heilige Rauch spielte oft die entscheidende Rolle beim Öffnen der Seele zu den höheren Ebenen, zur kosmischen Harmonie.

Durch den heiligen Rauch können höhere Sphären als

wahr erlebt werden, und der Glaube wird durch die subjektive Gewißheit gestärkt.

Das Aufsteigen des Rauches zum Himmel wurde immer schon symbolisch als das Aufsteigen der Seele in die höheren Sphären verstanden. Die Erhöhung des Bewußtseins geht symbolisch Hand in Hand mit dem aufsteigenden Rauch.

Der Vorgang des Verbrennens ist dabei zugleich verbunden mit einer Reinigung, sowohl von Krankheitskeimen als auch von schlechten Energien.

Aus der Geschichte des Räucherns

Als Bestandteil von religiösen Zeremonien, Heilritualen oder zur Bewußtseinserweiterung sind Räuchereien seit jeher in vielen Kulturen bekannt. Auch unsere europäischen Vorfahren, wie Kelten, Germanen, Griechen, Slawen oder Römer, räucherten.

In der geschichtlichen Dimension ist die kurze Unterbrechung dieser uralten Tradition in Europa während des zwanzigsten Jahrhunderts kaum erwähnenswert, und selbst in diesem rationalen, technischen Zeitalter ist in der katholischen und orthodoxen Kirche immer geräuchert worden.

Eine Rückbesinnung auf diese scheinbar ureigenste Praktik der Menschheit könnte vielleicht dazu führen, daß wir wieder enger mit unseren Wurzeln verbunden werden.

Vor- und Steinzeit: Von der Feuerstelle zur Magie

Für die vorgeschichtlichen Sippen diente das Feuer nicht nur als Mittelpunkt ihrer Zusammenkünfte, als Wärmequelle oder Kochstelle. Schon immer wurden Hölzer oder

Kräuter in die Feuerstelle geworfen, um eine besondere Atmosphäre zu schaffen. Die Erfahrungen mit den einzelnen Harzsorten gehören wohl zu den ersten Fundamenten der Räucherkunst: Oft enthielten die für die Feuerstelle gesammelten Holzscheite Harze, deren Wirkung unsere Vorfahren unmittelbar verspürten, und so entwickelte sich schnell der gezielte Gebrauch von Räucherwerk.

Schon in der Steinzeit benutzten die Menschen spezielle Kräuter, um Krankheiten zu bekämpfen, ihre Götter anzurufen oder Feste zu feiern. Konkrete Überlieferungen aus der Vor- und Frühgeschichte sind allerdings äußerst spärlich. Anhand gefundener Grabbeigaben läßt sich aber erkennen, daß Harze, Kräuter und Räucherutensilien offensichtlich von großer Bedeutung waren, weshalb auch die Toten darauf nicht verzichten sollten.

Die intensive Wirkung des Rauches hat unsere Vorfahren offensichtlich so stark beeindruckt, daß sie Rauch und Feuer als Geschenk der Götter ansahen. Damit war der gedankliche Weg, Rauch als heilig und so eine besondere Verbindung zur Götterwelt zu empfinden, nicht mehr weit.

Wie verschlüsselte Botschaften wurden Bitten an die Götter durch das Verbrennen bestimmter Pflanzenteile ausgedrückt. Wollte man zum Beispiel um Regen bitten oder Gefahren abwenden, mußten bestimmte Pflanzen verbrannt werden. Der aufsteigende Rauch brachte die Bitte zu den Göttern. So entwickelte sich aus dem Wissen über die verschiedenen Raucharten eine esoterische

Kunst. Aus Rauch und Räucherwerk wurde Magie, mit dem Ziel, Gesundheit, Glück und Schutz zu erlangen.

Im Laufe der Jahrtausende entwickelten sich ausgefeilte Praktiken des Räucherns, die später nur noch besonders eingeweihten Priestern oder Schamanen vorbehalten waren. Aus dem einfachen Räucherritual am Sippenfeuer wurde so etwas wie eine Codesprache zur Kommunikation mit den Göttern.

Die heilsame Wirkung der verschiedenen Räuchereien war allerdings allgemein bekannt: Das Inhalieren und Räuchern gehörte in der Kräutermedizin bis über das Mittelalter hinaus zum Alltag.

Obwohl heute wieder viel über die heilende Wirkung der einzelnen Kräuter oder Hölzer bekannt ist, hat die Renaissance des Räucherns erst etwas später eingesetzt als die anderer naturmedizinischer Praktiken. Dennoch ist nichts von der magischen Faszination des Rauchrituals verloren gegangen.

Die antiken Tempel: Räucherkammern als »Reinigungsschleusen«

Über die Praktiken und Rituale in den antiken Tempeln ist sehr wenig bekannt. Doch diese Lücke in unserem spirituellen Wissen beginnt sich langsam mit einzelnen Informationen zu füllen. So berichteten bereits einige Medien in Trancezuständen über die Praktiken der

Priesterinnen und Priester aus Atlantis, Ägypten, Griechenland oder anderen sagenumwobenen Völkern der Antike.

In Babylon, bei den Hethitern, den Sumerern und in ganz Asien war bereits zu Zeiten, als Ägypten noch keine Großmacht war, die hohe Kunst des Räucherns bekannt. Doch auch am Nil gab es keine Zeremonien ohne intensive Räucherrituale. Über den Orient, vornehmlich Arabien und das Pharaonenreich, gelangten die damals kostspieligen Rauchwaren nach Griechenland.

Viele Menschen erleben heute über den Weg der Rückführung, daß sie tief in sich über fundamentales Wissen aus den Tempeln der Vergangenheit verfügen. Die Grundsäulen dieses Wissens sind neben Farbkunde, rituellen Waschungen, Meditationen und Trancezuständen auch Räuchertechniken. So wie verschiedenfarbige Räume eingesetzt wurden, um bestimmte Bewußtseinszustände hervorzurufen, wurden auch bestimmte Räuchereien zu diesem Zweck benutzt. Vor allem aber dienten die Räuchereien in den Tempeln der Reinigung.

> **Das Räuchern war die wichtigste Methode zur atmosphärischen und spirituellen Reinigung.**

Um in die heiligsten Tempelbereiche zu gelangen, mußten sich Priester und Priesterinnen vieler Kulturen in eine Art Räucherkammer begeben, in der sie von negativen Schwingungen gereinigt wurden. Erst wenn sie innerlich und äußerlich ganz von dem heiligen Rauch durchdrungen waren, durften sie die innersten Tempelbezirke betreten. Oft mußten die Kleider vor den reinigenden Räucherkammern abgegeben und beim Verlassen neue Gewänder angelegt werden. Wie eine energetische Schleuse verhinderten diese Räucherkammern, daß unerwünschte »unheilige« Einflüsse in die Tempel eindringen konnten.

Je konsequenter die Räucherrituale durchgeführt wurden, desto reiner blieben die spirituellen Lehren und Praktiken. Sobald in einer Kultur die Tempel geöffnet und die Allgemeinheit – ohne vorherige Reinigung durch Rauch – hineingelassen wurde, begann der Verfall des religiösen Lebens. So wird es jedenfalls von vielen Menschen während ihrer Reise in ihr Vorleben berichtet.

Die Reinigung durch Rauch und die damit verbundene Bewußtseinserhöhung stellten sie als Garant für ein intaktes Tempelleben und spirituelle Reinheit bei den antiken Hochkulturen dar.

Solange es in den legendären Räucherkammern antiker Hochkulturen strenge Reinigungsrituale gab, hielt sich der spirituelle und geistige Verfall der Priesterschaft in Grenzen.

Die negativen Schwingungen von Machthunger, Ehrgeiz oder Mißgunst schienen sich im heiligen Rauch aufzulösen. Vielleicht kann das Räuchern auch heute wieder auf sanfte Weise solch negativen Einflüssen entgegenwirken.

Neben der energetischen Reinigung erfüllte das Räuchern innerhalb der antiken Tempel aber auch andere Zwecke – so wurden bestimmte spirituelle Zustände gezielt mit speziellem Räucherwerk erzeugt. Jede Kultur hatte offensichtlich ihre eigenen – streng geheimen – Rezepte, wie beispielsweise Hellsichtigkeit, Hellhörigkeit oder andere parapsychologische Phänomene erzeugt werden konnten. Diese Rezepte sind innerhalb der Priesterschaft fast ausschließlich mündlich überliefert worden und drangen so gut wie nie nach außen. Auch die heute noch lebendigen Kulturen, die in Amerika, Afrika und Australien aktiven Schamanismus betreiben, reichen ihre Räucherrezepte nur intern weiter. Ebenso ist in den vielfältigen buddhistischen Traditionen die Zusammenstellung von Räucherwerk Aufgabe der Tempel, und das Wissen wird auch dort bewahrt.

Räucherrezepturen wurden stets bewußt geheimgehalten, aber ein Suchender wird sie entdecken, wenn es an der Zeit ist.

Niemand jedoch sollte Räuchereien, die für bestimmte heilige Zwecke benutzt werden, mit Gewalt ans Licht zerren. So macht es zum Beispiel wenig Sinn, eine heilige Räucherei der indianischen Kultur neben dem laufenden Fernseher abzubrennen. Der Anwender sollte sich zunächst vollständig über die ursprüngliche Bedeutung eines Rituals bewußt werden.

In diesem Buch wurde daher bewußt darauf verzichtet, uralte und tief religiöse Räuchermischungen preiszugeben. Jeder Mensch kann mit Räuchereien seinen spirituellen Weg oder die Suche danach bereichern. Es ist dabei aber viel wichtiger, sich selbst auf diesem Gebiet voranzutasten, als fertige Mischungen zu konsumieren. Jedes Individuum muß wachsen und wird auf seinem persönlichen Lebensweg immer das finden, was es gerade benötigt – und manchmal führt dieser Weg von alleine zu uralten, heiligen Räuchereien.

Dennoch kennen wir heute vereinzelte heilige Räuchereien, die kulturübergreifend einen hohen Stellenwert haben und auch allgemein bekannt sind. Die entsprechenden Kräuter, Harze oder Hölzer werden in diesem Buch vorgestellt und können selbst ausprobiert werden. Von ganz allein wird uns der eigene Geruchssinn dann zu anderem Räucherwerk weiterleiten. Manchmal eröffnet der heilige Rauch aber auch Erinnerungen an ein Vorleben – denn der Geruchssinn vergißt niemals ...

Die griechische Orakelkunst: Keine Prophezeiung ohne Rauch

In der Blütezeit der antiken griechischen Kultur gab es viele Tempel, die für ihre Orakelkunst berühmt waren. Nicht nur im Alltag, sondern auch vor machtpolitischen Entscheidungen wurde stets das Orakel des nächsten Tempels zu Rate gezogen. Manche Orakelstätten waren so bekannt für ihre Voraussagen, daß die Griechen selbst mühsame Reisen dorthin nicht scheuten.

Am berühmtesten war, soweit wir das heute beurteilen können, das Orakel von Delphi.

Das Orakel von Delphi

Trotz aller Unterschiede zwischen den griechischen Völkern hinsichtlich ihrer Vorstellungen über Herrschaft und Lebensführung reisten alle führenden Hellenen mindestens einmal in ihrem Leben zum Tempel in Delphi. In diesem Zentrum der antiken Wahrsagekunst wurde vielen Ratsuchenden – ohne Rücksicht auf Rang oder Namen – ihr persönlicher Lebenssinn oder Lebensweg offenbart. Die Prophezeiungen aus dem Apollo-Heiligtum wurden als unfehlbar betrachtet. »Erkenne dich selbst« soll der Leitspruch über dem Tempel gelautet haben.

Auch Alexander der Große sah sich durch das delphische Orakel in seiner Zukunft als Weltherrscher bestätigt. Vor einem entscheidenden Kampf gegen die Perser, die damals die griechische Welt und ihre Kolonien bedrohten, wollte Alexander vom Orakel den Ausgang der bevorstehenden Schlacht wissen. Der makedonische König war jedoch nicht gewillt, sich an die Sprechzeiten zu halten und bedrängte die Priesterinnen. Mit den Worten »Er ist unwiderstehlich« gewährten sie Alexander letztlich auch Einlaß. Dieser Satz soll dem künftigen Eroberer genügt haben, und er zog von dannen, ohne den eigentlichen Orakelspruch hören zu wollen.

Diese Anekdote verdeutlicht, daß die Orakelpriesterinnen für ihre Weissagungen bestimmte Zeiten festgelegt hatten – und das nicht ohne Grund. Die vorzubereitenden Rituale beinhalteten auch Räuchereien, die jene sagenumwobene Hellsichtigkeit herbeiführten. Durch das Inhalieren gelangten bewußtseinserweiternde Drogen auf schnellem Weg ins Blut. So bereiteten sich die Priesterinnen auf ihren Dienst am hellenischen Volk vor.

Dabei soll der Rauch von verbranntem Lorbeer maßgeblich an den hellseherischen Fähigkeiten der Priesterinnen in Delphi beteiligt gewesen sein. Es war der erklärte Lieblingsrauch von Apollo, dem Gott des Lichtes, der Weissagung, Heilkunde, Dichtung und Musik. Als Schutzpatron der Musen war Apollo für jede Intuition, für Kreativität oder Erleuchtung zuständig – eine mächtige, inspirierende Gottheit, die durch die Tempeldienerinnen während ihrer Trancephasen sprach.

Als Dank der Gläubigen und als Opfer für die Götter wurde den griechischen Tempeln Weihrauch und Myrrhe gespendet. Diese Zutaten für den heiligen Rauch waren zu jenen Zeiten sehr kostspielig. Dennoch wurde durch steigende Importe und Anbau im eigenen Land ein wahrer Boom in Sachen Räuchereien ausgelöst. Jeder griechische Gott hatte seine spezielle Räuchermischung, und jede alltägliche Angelegenheit wurde von besonderem Rauch begleitet.

Die römischen Dampfbäder und die moderne Sauna

Die Römer übernahmen viel von der griechischen Kultur, so auch die Kunst des Räucherns. Wohlgerüche im Haus und am Körper wurden zu einem wahren Kult. Vielfach wurde jedoch der religiöse Hintergrund vergessen, und der Geruchsstoff an sich trat in den Vordergrund.

Dennoch erlangte parallel dazu die Heilwirkung der Essenzen ein hohes Maß an Bedeutung. Man beschränkte sich nicht auf das Waschen, sondern behandelte mit den Naturessenzen auch bestimmte Krankheiten – die Leiden einer von Dekadenz gezeichneten Gesellschaft wurden eifrig mit in Dampf gelösten Naturstoffen behandelt. Es gab keine Wasseranwendung ohne besondere Kräutermixturen, dadurch entgifteten die Dampfbäder den Körper und wirkten zugleich als eine Art Inhalationstherapie.

> **Das römische Dampfbad
> ist der kulturelle Vorfahre unserer
> modernen Sauna.**

In der modernen Sauna erkennen wir Teile dieser über zweitausend Jahre alten Badekultur wieder – ein Kulturerbe der römischen Gesellschaft.

Heute gießt man eine Kräuter-Wasser-Mischung auf heiße Steine, deren Dämpfe dann über die Atemwege aufgenommen werden. Die hohe Luftfeuchtigkeit in der Sauna bringt den Körper zum Schwitzen und bewirkt dadurch eine Entgiftung über das größte menschliche Organ, die Haut. Übrigens läßt sich durch die Zugabe von Kräutern auch aus jedem Vollbad zugleich ein Heilbad machen.

Ob Naturessenzen verdampft oder verräuchert werden, macht im Prinzip keinen großen Unterschied: In beiden Fällen werden die Substanzen schnell über die Atemwege aufgenommen, wobei sich auch beim Verräuchern die Stoffe zum Teil an den frei werdenden Wasserdampf binden.

Dennoch gibt es zwischen reiner Dampfinhalation und Rauchinhalation einen wesentlichen Unterschied: Mit Dampf wird feuchte, mit Rauch trockene Luft eingeatmet.

Dies spielt gerade in bezug auf Atemwegserkrankungen eine große Rolle. In der heutigen Naturmedizin wird fast ausschließlich das feuchte Inhalieren angewandt, wohl weil die trockene Variante – also über das Verräuchern – in Vergessenheit geraten ist. Der einzige Nachteil, der dem Räuchern zugeschrieben werden könnte, besteht in einer verstärkten Freisetzung von Kohlendioxyd durch den Verbrennungsvorgang. Bei chronischer Bronchitis und Asthma ist allerdings bekannt, daß gerade feuchte Luft eine erhebliche Reizung verursachen und das Krankheitsbild verschlechtern kann. Diese Leiden könnten unter Umständen mit trockenem Inhalieren, also durch Verräuchern der heilenden Substanzen, besser geheilt werden. In jedem Einzelfall muß aber die Belastung des Kranken durch feuchte Luft oder das ebenfalls leicht reizende Kohlendioxyd gegeneinander abgewogen werden. Viele Bronchitis- und Asthma-Patienten erleben jedoch durch den trockenen Rauch eine wesentliche Verbesserung ihres Leidens.

Die Indianer: Rauchzeichen und Stammesritus

Es ist nicht nur ein Klischee der Filmindustrie, daß Indianer sich über weite Entfernungen hinweg per Rauchzeichen verständigen konnten. Diese Codesprache hat es tatsächlich gegeben, und zwar nicht nur bei den Indianern. Praktisch auf jedem Kontinent gab es Kulturvölker, die sich dieser einfachen, aber wirkungsvollen Kommunikationsmöglichkeit bedienten.

Statt einen Reiter zu entsenden, der wichtige und eilige Nachrichten mühsam und unter hohem Risiko persönlich überbringen mußte, nutzten die Indianer eine sehr effektive Möglichkeit der Nachrichtenverbreitung: Von Berg- und Hügelspitzen aus wurden – mit den später entwickelten Morsezeichen vergleichbare – Rauchsignale verschickt, die eine schnelle und zuverlässige Informationskette gewährleisteten.

Doch dies war nicht der einzige Nutzen, den die amerikanische Urbevölkerung aus dem Rauch eines Feuers zog: Räuchereien waren und sind ein wesentlicher Bestandteil auch der indianischen Heilkunde. Das Wissen der sogenannten Medizinmänner, eigentlich Schamanen, beinhaltet eine Vielzahl von Mischungen, die verräuchert werden. Darüber hinaus wird Räucherwerk auch bei Zeremonien mit spirituellem Hintergrund verwendet, wobei sich die jeweiligen Mischungen bei den verschiedenen Stämmen erheblich unterscheiden. Zur Überwindung des Egos und zur Verbindung der Seele mit den höheren Mächten werden teilweise Substanzen verräuchert, die Halluzinationen hervorrufen. Das Wissen über die speziellen Wirkweisen wird in diesem Kulturkreis übrigens noch heute mündlich weitergegeben.

Als berühmtes Beispiel sei an dieser Stelle Don Juan, der indianische Lehrer aus Carlos Castanedas Romanen, genannt: Dieser Medizinmann gab stets nur soviel von seinem Wissen über die Wirkung der Natursubstanzen preis, wie es sein Schüler verkraften konnte. Die berauschende Wirkung bestimmter Pilze wurde ausschließlich für die seelische Entwicklung eingesetzt. Durch das Rauchen bestimmter Drogen hervorgerufene Rauschzustände hatten in diesem Kulturkreis nichts mit Betäubung und Realitätsflucht zu tun, sie zielen vielmehr auf das Erleben anderer Dimensionen und höherer Sphären ab, die sonst außerhalb der alltäglichen Wahrnehmung lagen. Es ging den Indianern nie darum, sich im Rausch der Welt zu verschließen oder vor ihr zu fliehen. Vielmehr strebten sie eine verstärkte Wahrnehmung an, um dadurch noch mehr von den vielen Ebenen des Lebens erkennen zu können.

Bevor wir allerdings in der heutigen Zeit auf das indianische Wissen über Rauchmischungen zurückgreifen, sollten wir versuchen, die Grundvoraussetzung für eine erweiterte Wahrnehmung zu erlangen: das völlig unverklärte Erkennen der jetzigen Realität. Erst wenn wir in der Lage sind, unsere Realität mit all ihren Facetten anzuerkennen und in unser Bewußtsein hineinzulassen, macht es überhaupt Sinn, sich für andere Ebenen des Daseins zu öffnen. In unserer heutigen Gesellschaft sind Realitätsverblendung und -flucht weit verbreitete psychische Störungen, denen nach Meinung von Experten jeder Zweite zum Opfer fällt. Der erste Schritt in der Tradition der indianischen Schamanen war immer:

- Erkenne dich selbst und die Welt um dich herum,

Dann erst konnte der zweite Schritt folgen:

- Überwinde dein Ego und die Alltagswelt, und öffne deinen Geist für weitere Dimensionen.

Vor diesem Hintergrund ist von Experimenten mit Halluzinogenen in Form von Natursubstanzen abzuraten. Für die überwiegende Mehrheit der Menschen scheint die größte Herausforderung zunächst darin zu liegen, in der Realität der Gegenwart zu leben und alle ihre Aspekte wahrzunehmen. Hier können – zur Beruhigung und zur Herstellung des inneren Gleichgewichts – allerdings bestimmte Räuchereien sehr hilfreich sein.

Rauchen als Ritual

Die Kunst des Räucherns beschränkte sich bei den Indianern nicht nur auf das Abbrennen bestimmter Ingredienzen in Räucherschalen oder am offenen Lagerfeuer – zur Verstärkung der Wirkung wurde der Rauch auch durch Pfeifen inhaliert, was ursprünglich allerdings wenig mit dem modernen Tabakkonsum zu tun hatte.

Das gemeinschaftliche Rauchen einer Pfeife, ein Ritual, das uns viele Westernfilme eindringlich vermitteln, ist – wie die oben beschriebene Nachrichtenübermittlung durch Rauchzeichen – ebenfalls authentisch. So wurde zum Beispiel eine bei Verhandlungen erreichte Einigung mit einer Rauchzeremonie besiegelt. Zu dieser gehörte auch, daß der erste aus der Pfeife entweichende Rauch den Göttern geopfert wurde, indem man ihn gen Himmel aufsteigen ließ. Die berühmte Friedenspfeife wird vermutlich besonders beruhigende Kräutermischungen beinhaltet haben, die eine gewisse Friedfertigkeit bei den Beteiligten bewirkten.

Das gemeinsame Rauchen hat aber noch einen weiteren interessanten Hintergrund: In der psychosomatischen Terminologie wird die Lunge als das »größte Kontaktorgan« des Menschen betrachtet, sie symbolisiert Kommunikationsbereitschaft. Dieser Lehre folgend, läßt sich an der gemeinsamen Rauchzeremonie also die Bereitschaft der Beteiligten zu einem Meinungsaustausch ablesen.

Die Europäer:
Auch unsere eigenen Vorfahren räucherten

Erst nach und nach werden in Europa Spuren von Räucherzeremonien aus lange vergangenen Zeiten entdeckt. Vor einigen Jahren erforschten Archäologen, daß die auf Korsika erhaltenen Turmruinen vermutlich der schnellen Kommunikation durch Rauchzeichen gedient haben. Die Insel war in der Vergangenheit häufig umkämpft, und das bergige Gelände machte eine Verständigung durch Reiter oder Botenläufer fast unmöglich. Die Korsen nutzen diese geologischen Gegebenheiten zu ihrem Vorteil: Auf Bergspitzen wurden Räuchertürme gebaut, die – wie eine

Art antikes Telegraphensystem – der schnellen Informationsübermittlung dienten. Wir müssen also nicht erst bei den Indianern nach dieser Art der Nutzung des Feuers suchen, unseren eigenen Vorfahren war diese Technik mindestens ebenso vertraut.

In der westlichen Welt kennen wir spirituelle Räucherrituale heute hauptsächlich aus der katholischen und orthodoxen Kirche, und wie viele andere Rituale oder Festtage übernahm die Kirche sie aus vorchristlicher Zeit. Dadurch blieben viele alte Traditionen, wenn auch in abgewandelter Form, erhalten. Der in der katholischen Kirche übliche Brauch des Weihrauchschwenkens ist Tausende von Jahren alt und war schon im alten Babylon bekannt.

Darüber hinaus erfüllte das Räuchern auch in Europa noch andere Zwecke: In frühgeschichtlichen Zeiten diente es, wie bei den Indianern, zur Übermittlung von wichtigen Informationen. Die Zeichensprache durch Rauchzeichen ist – als Relikt aus unserer Vorgeschichte – nur noch rudimentär erhalten geblieben, doch früher war es oft lebenswichtig, Rauchzeichen »lesen« zu können.

Rauchzeichen waren das geeignete Mittel, wichtige Botschaften schnell und gleichzeitig an jedermann zu übermitteln.

In der katholischen Kirche ist – neben dem Schwenken des Weihrauchfasses – noch eine weitere Rauchzeremonie erhalten geblieben:

- Ist ein Papst verstorben, wird schwarzer Rauch gen Himmel geschickt. So werden alle Gläubigen schnell über das Ableben des Kirchenoberhauptes informiert.
- Die Wahl des neuen Papstes wird durch weißen Rauch signalisiert.

Wie und warum wirken Räuchereien?

Der Rauch von verbrannten Harzen, Hölzern, Kräutern, Blüten oder Samen verbreitet heilende, reinigende, öffnende und harmonisierende Wirkungen in einem Durchgang, da die verräucherte Substanz immer *gleichzeitig* auf allen Ebenen wirkt:

- *Die materielle Ebene:*
  Heilende Kräuter helfen dem Körper, wieder ein gesundes Gleichgewicht zu erlangen, der Genesungsprozeß wird beschleunigt.

- *Die energetische Ebene:*
  Räuchereien reinigen das gesamte energetische Feld der Umgebung und vertreiben störende niedrige Energien aus Räumen, von Gegenständen und aus der Aura der Menschen.

- *Die seelische Ebene:*
  Verräucherte Substanzen bewirken auch eine seelische Veränderung, die zum natürlichen inneren Gleichgewicht der Seele führt. Das Gefühlsleben wird harmonisiert, man fühlt sich einfach wohler.

- *Die spirituelle Ebene:*

  Auch die höheren Ebenen des menschlichen Daseins werden durch Rauch gereinigt – fast jede Räuchersubstanz verbindet sich auf eine bestimmte Art mit dem Kosmos. In vielen Kulturen werden Räucherzeremonien auch als eine Art Kommunikation mit den Göttern angesehen.

- *Die geistige Ebene:*

  Durch Harmonisierung der energetischen Umgebung und der Seele werden dem Geist störende Blockaden genommen. Räuchereien öffnen verschiedene Kanäle zu klaren und wahren Erkenntnissen.

Eine Räucherei beschränkt sich also nie auf *eine* Wirkung, selbst wenn wir mit ihr nur einen bestimmten Zweck verfolgen.

Wenn Sie zum Beispiel stark erkältet sind und unter einem hartnäckigen Husten leiden, können Sie mit Thymian räuchern. In diesem Moment denken Sie ausschließlich daran, wieder gesund werden zu wollen. Dennoch werden quasi nebenbei auch Ihre Umgebung, Ihre Aura und Ihre Seele energetisch gereinigt.

Vielleicht haben Sie im übertragenen Sinne von einer Person »die Nase voll«, Sie würden ihm oder ihr am liebsten »etwas husten«. Durch den Thymianrauch könnte Ihnen dies plötzlich bewußt werden, weil auch Ihr Geist von Denkblockaden befreit wird. Da Thymian auch zugleich Kraft und Energie – und damit ein höheres Selbstwertgefühl – verleiht, könnte Ihnen jetzt eine Strategie einfallen.

Eine Räucherei stellt also stets eine ganzheitliche Behandlung dar, da der aufsteigende Rauch alle Ebenen des Daseins erreicht.

Rauchdüfte, Aromastoffe und Parfüme

Gerüche können von unserer Nase nur über das eingeatmete Gasgemisch aufgenommen werden, das heißt, sie müssen an gasförmige Trägersubstanzen gebunden sein, um unsere bewußte Wahrnehmung zu erreichen.

Es gibt verschiedene Möglichkeiten, die Geruchssubstanzen aus festen Stoffen – beispielsweise Kräutern – zu lösen:

- Durch *Verbrennung* entsteht Rauch, der sich mit der Atemluft vermischen und so zu den Geruchsnerven in der Nase gelangen kann. Die verbrannten Substanzen binden sich an die freigesetzten Gase und können so transportiert werden.

- In Parfümen werden Substanzen in *Alkohol* und Wasser gelöst. Da Alkohol sich in Verbindung mit Luft verflüchtigt, steigt auch hier eine gasförmige Verbindung zu unserer Nase auf – in diesem Fall transportiert also der Alkohol die Geruchsstoffe.

- Viele Substanzen, zum Beispiel Blumen und Kräuter, duften auch von Natur aus, ohne künstlich hinzugefügte Lösungsmittel. Die Träger der Geruchsstoffe sind hier die in den Pflanzen enthaltenen *ätherischen Öle*. Diese verflüchtigen sich, genau wie Alkohol, in Verbindung mit Luft. Sie werden als Gase von den Pflanzen ausgesandt und vermischen sich mit der Atemluft, wodurch sie unsere Nase erreichen.

- Durch Sonneneinwirkung verdampft zusätzlich eine größere Menge des Pflanzensaftes, und die duftenden Substanzen binden sich an den aufsteigenden *Wasserdampf*, der wiederum Teil unserer Atemluft wird.

Wissenswertes über die Wirkungsweise von Rauch

Bei jedem Verbrennungsprozeß, also der Oxydation brennbarer Stoffe, entstehen in dem Rauch auch Kohlendioxyd und Wasserdampf. Diese beiden Gase können unmittelbar eingeatmet werden und gelangen über die Lunge auf dem schnellsten Weg in das Blut. Bei der Verbrennung von Pflanzen werden deren wirksame Substanzen an Wasserdampf und Kohlendioxyd gebunden, wodurch sie innerhalb weniger Sekunden in unserem Körper und über unser durchblutetes Gehirn auf unser Bewußtsein wirken können.

> **Über den Rauch gelangen die wirksamen Bestandteile einer Substanz am schnellsten und wirksamsten in den Körper.**

Daher erklärt sich auch die unmittelbare Veränderung der Stimmung durch Rauch – mit dem ersten Atemzug geht vom Räucherwerk eine Wirkung aus. Dadurch ist das Verräuchern beispielsweise der oralen Einnahme eines Krautes überlegen.

Ein weiterer Vorteil des Räucherns liegt in der Tatsache, daß dabei unser Geruchssinn angesprochen wird. Und erwiesenermaßen hat dieser Sinn den stärksten Einfluß auf das Gemüt, das Erinnerungsvermögen und seelische Stimmungen.

Viele Menschen halten optische oder akustische Sinneswahrnehmungen für die wichtigsten. Das ist jedoch falsch: Wissenschaftliche Studien kamen schon vor langer Zeit zu dem erstaunlichen Ergebnis, daß der Geruchssinn der wichtigste unserer fünf Sinne ist. Ein Geräusch oder ein Bild kann schon einmal aus unserer Erinnerung verschwinden, ohne eine Spur zu hinterlassen – Gerüche werden aber sorgfältig in unserer »inneren Datenbank« verwahrt.

> **Einen einmal wahrgenommenen Geruch vergißt unser Unterbewußtsein nie wieder.**

Wenn beispielsweise in längst vergessenen Kindertagen in der Schule eine bestimmte Sorte Bohnerwachs verwandt wurde, wird sein typischer Geruch, wenn man ihn später irgendwo wieder in die Nase bekommt, im Bewußtsein unmittelbar die *gesamte* Erinnerung aktivieren – wir fühlen uns im Nu in die alten Zeiten zurückversetzt. Weder ein Foto der Schule noch die Stimme einer Lehrerin könnte im Bruchteil einer Sekunde eine ähnlich umfassende Erinnerung hervorrufen.

Vermutlich handelt es sich hierbei um ein Relikt aus der Vorzeit unserer Evolution: Als die Menschen noch ungeschützt in großen Wäldern lebten, war es überlebensnotwendig, Gefahren frühzeitig zu *riechen*.

Bei der Wahrnehmung eines Geruches oder eines Geschmackes laufen in unserem Körper übrigens dieselben physiologischen Vorgänge ab, und beide Sinne liefern uns sofort Informationen, die unter manchen Umständen lebensrettend sein können. So ist es auch verständlich, daß das fehlerfreie Speichern von Geruchsinformationen äußerst wichtig ist. Der Geruch einer giftigen Pflanze muß sicher in unserem Gehirn verwahrt werden, damit wir unter keinen Umständen auf die Idee kommen, davon zu essen. Ebenso müssen wir in der Lage sein, eine Gefahr wahrzunehmen, zu *wittern*, bevor sie uns erreicht. Der einer Gefahr vorauseilende Geruch erlaubt uns ein sofortiges Handeln – Flucht oder Angriff – und bewahrt uns davor, unvorbereitet einer Gefahr ausgeliefert zu sein.

> **Der Geruchssinn ist der fundamentalste und damit einflußreichste unserer fünf Sinne.**

Die Beeinflussung der Psyche über Geruchsstoffe wird in der Aromatherapie bewußt genutzt, und eine vergleichbare therapeutische Wirkung kann auch durch das Räuchern erzielt werden. Neben der spezifischen Heilwirkung bestimmter Pflanzenstoffe wird eben auch das Unterbewußtsein und über dieses das Erinnerungsvermögen angesprochen. Hierbei handelt es sich um eine wirkungsvolle sinnliche Manipulationstechnik, die es uns erlaubt, unseren Geist auf ein gewünschtes Ziel zu richten.

Wir können selbst bestimmen, ob wir uns zur inneren Ruhe verhelfen, unseren Geist auf höhere Ebenen leiten oder unsere Erinnerung aktivieren möchten.

Die Grundstoffe von Dampf und Rauch

Dampf und Rauch sind nicht so verschieden, wie es auf den ersten Blick erscheinen mag. Auch beim Verbrennungsprozeß wird Wasserdampf freigesetzt, den wir dann als Rauch wahrnehmen. Selbst in getrockneten Pflanzenteilen ist immer noch soviel Feuchtigkeit vorhanden, daß diese beim Verbrennen aufsteigt, also verdampft. Die Wirkstoffe der verbrannten Substanzen werden dabei an den Rauch gebunden und können dann beim Einatmen über die Lunge schnell in die Blutbahn gelangen.

Harze oder Hölzer, Kräuter und andere Pflanzen beinhalten meist Hunderte von verschiedenen Wirkstoffen in einem bestimmten Mischungsverhältnis. Dies macht ihre spezielle Wirkung aus und ist gleichzeitig der Grund, warum sie synthetisch kaum herzustellen sind. Aber warum sollten wir auch etwas neu erfinden, was schon optimal in der Natur vorhanden ist?

> **Mit Natursubstanzen können wir gezielt Einfluß auf unser Selbst nehmen.**

Jede einzelne Pflanze ist durch die besondere Mischung ihrer Wirkstoffe ein Unikat – eine Tatsache, die uns zum respektvollen Umgang mit diesen Geschenken aus Gottes Apotheke anhalten sollte.

Aus diesem Grund ist auch davon abzuraten, eine Räuchermischung aus vielen verschiedenen Pflanzen, Hölzern oder Harzen anzufertigen – man sollte lieber nur jeweils eine Substanz zu verräuchern, denn diese beinhaltet ja schon eine Vielzahl von Wirkstoffen. Viel hilft auch in diesem Fall nicht viel – die Formel beim Räuchern lautet vielmehr: Je einfacher, desto wirkungsvoller.

Natürlich gibt es bei den verschiedenen Völkern überlieferte Räuchermischungen, die eine Vielzahl von Zutaten beinhalten. Doch diese Mischungen sind meist sehr genau aufeinander abgestimmt, um die gewünschte Wirkung zu erzielen. Wer selbst mischen möchte, sollte darauf achten, daß die einzelnen Bestandteile sich in ihrer Wirkweise zumindest nicht widersprechen.

Mit fünf Sinnen genießen, bis der sechste sich öffnet

Wie oben bereits beschrieben, wird beim Räuchern der Geruchssinn, unser stärkster und einflußreichster Sinn, angesprochen. Er leitet unsere Seele sozusagen wie ein Fährtensucher durch die neue Erlebnisebene. Doch die Geruchseindrücke werden dabei auch von den anderen Sinneswahrnehmungen unterstützend begleitet: Beim Räuchern wird zugleich unser Tastsinn, unser optischer und akustischer Sinn angesprochen. Beim Vorbereiten der Räucherzeremonie nehmen wir die Utensilien in die Hand, ertasten sie. Wir sehen das Feuer und die Substanzen. Wir hören das Knistern während des Verbrennens und dabei vielleicht eine passende Hintergrundmusik. Der Geruch wird aufgenommen und sofort an das zentrale Nervensystem weitergeleitet.

Wichtig:
- Um keine Irritationen herbeizuführen, sollten wir während des Räucherns möglichst nichts essen oder trinken, denn Geruchs- und Geschmackssinn sind miteinander verknüpft. Schmecken wir etwas anderes als wir riechen, könnte das gewünschte Ergebnis gemindert werden.
- Sehr großer Durst während der Zeremonie läßt sich am besten mit Mineralwasser löschen. Säfte hingegen könnten die per Geruch übermittelten Informationen verändern, da sie selbst spezifische Geruchs- und Geschmacksstoffe enthalten.
- Eine Verstärkung des gewünschten Resultats kann herbeigeführt werden, wenn derselbe Stoff inhaliert *und* getrunken wird: Beispielsweise kann verräucherter Salbei durch den gleichzeitigen Genuß von Salbeitee zu einer intensivierten Wirkung führen.

Beachtet man diese Regeln, können sich alle fünf Sinne auf die Informationen der verräucherten Substanzen konzentrieren und auf das gewünschte Ziel hin »einschwingen«. Ist dieses Ziel die Öffnung des Bewußtseins, die

Kontaktaufnahme mit höheren Ebenen, werden sich unsere Wahrnehmungen darauf ausrichten. Erstaunlich leicht läßt sich so unser sechster Sinn, auch das »dritte Auge« genannt, öffnen. Unsere Intuition folgt gern, wenn der Weg ins Innere und dann über das Selbst hinaus zu den göttlichen Sphären führt.

- Beim Öffnen des dritten Auges während einer Räucherzeremonie verspüren wir ein warmes, wohltuendes Kribbeln zwischen den Augen.
- Nachdem unsere Intuition erwacht ist, tritt sie, zusammen mit unserem Geruchssinn, die Reise in unser Inneres an. Manche Menschen beschreiben diese Aktivität des dritten Auges als kühlendes, waches Gefühl im Bereich zwischen den Augen. Gelegentlich dehnt sich dieses Gefühl über die Augenbrauen hinaus und über die Stirn bis zur Schädelmitte hin aus.

Die Wahrnehmungen unseres sechsten Sinnes können uns die wahren Inhalte unseres Selbst vermitteln und uns über die engen Grenzen des Egos hinausführen. Der sechste Sinn kann uns mit dem Kosmos verbinden und von der oft einengenden Logik des Alltags befreien. Überläßt man sich eine Zeitlang der Führung des dritten Auges, so wird man feststellen, daß die Intuition eigene Gesetze hat, die nicht verstanden, aber gefühlt werden können.

Schall und Rauch:
Über die Kombination von Düften und Tönen

Viele Redewendungen haben im Laufe der Zeit einen veränderten Sinn erhalten. So bezeichnete zum Beispiel die »Binsenweisheit« im alten Europa ein Wissen, das durch Einblicke in die himmlischen Sphären zustande kam. Verursacht wurde diese besondere Form der Weisheit durch das Inhalieren von verräuchertem Binsen, einer Wollgrasart. Je mehr dieser Ursprung in Vergessenheit geriet, desto stärker veränderte sich der Sinn des Wortes bis hin zu seiner heutigen, eher abfälligen Bedeutung.

Ähnlich verhält es sich mit »Schall und Rauch«, der heutigen Redewendung für schnell vergängliche Dinge bar jeder Grundlage. Doch basiert die sprichwörtlich gewordene Kombination von Schall und Rauch ursprünglich auf dem alten Wissen, daß ein Zusammenspiel von Klängen und Gerüchen äußerst fruchtbar sein kann.
  Eine beabsichtigte Wirkung kann nämlich durch die richtige Kombination von Räuchereien und Tönen potenziert werden:
- Rauch verändert die energetischen Strukturen, reinigt die Atmosphäre und vertreibt schlechte Einflüsse.
- Töne können genauso wirken, darüber hinaus fügen sie der Atmosphäre neue Impulse hinzu.

Die durch Klänge verursachten Schwingungen sind aktive Impulse, die das elektromagnetische Energie-Netzwerk verändern. Die Vorteile einer Kombination aus Tönen und Räuchereien muß bereits unseren Vorfahren aufgefallen sein – es gibt wohl kaum ein vorzeitliches oder antikes Ritual, das nicht auf Rauch *und* Klängen basiert.

So übernahmen beispielsweise die alten Griechen den orientalischen Brauch, eine Räucherzeremonie mit einer bestimmten Musik zu begleiten. Das Flötenspiel, insbesondere die Panflöte, wurde bei den Ritualen bevorzugt eingesetzt.

Töne erzeugen bestimmte Wirkungen innerhalb unseres eigenen elektromagnetischen Systems. Wenn diese Klangmuster mit bestimmten Gerüchen kombiniert werden, wird deren Wirkung erheblich verstärkt. Der Einfluß von Tönen auf unsere Psyche ist allerdings noch nicht genau erforscht, und bislang haben wir uns darauf beschränkt, subjektiv zwischen angenehmen und unangenehmen Klangfolgen zu unterscheiden.

Es ist noch nicht einmal sicher, ob bestimmte Tonfolgen bei allen Menschen dieselbe Wirkung haben, oder ob das Klangempfinden eher individuell ist. Die Tendenz geht jedoch dahin, anzunehmen, daß Klänge eine ebenso universelle Wirkung haben wie beispielsweise Kräuter.

Dennoch sind einige erstaunliche Tatsachen im Zusammenhang mit Tönen bekannt, angefangen bei den durch ein reines hohes C zerspringenden Gläser, bis zur meditativen Wirkung des Urlautes »Om« der Buddhisten. Es wird sogar vermutet, daß die erstaunlichen therapeutischen Erfolge bei autistischen Kindern, die mit Delphinen schwimmen, hauptsächlich auf die von den freundlichen Meeressäugern ausgesandten Töne zurückzuführen sind.

Da die exakte Wirkungsweise der einzelnen Töne oder Tonfolgen noch nicht erforscht ist, müssen wir die musikalische Untermalung unserer Räucherrituale eher intuitiv auswählen. Eine simple, aber gute Methode ist folgende:
- Nehmen Sie den Geruch einer bestimmten Räucherei intensiv auf. Konzentrieren Sie sich, bis Sie sich vollständig von dem Geruch eingehüllt fühlen.
- Lenken Sie dann abrupt Ihre Aufmerksamkeit auf das Stichwort »Musik«. Lassen Sie sich ganz von Ihrer Intuition leiten – fast immer taucht plötzlich eine Tonfolge aus Ihrem Gedächtnis auf.
- Falls Ihre Intuition Ihnen ein Musikstück übermittelt hat, probieren Sie diese Kombination einfach aus. Es lohnt sich, ein kleines Heft zu führen, um die jeweilige Wirkung dieser spannenden Verbindungen zu notieren. Auf dem Gebiet »Schall und Rauch« lassen sich mit Sicherheit noch einige erstaunliche Entdeckungen machen.

Die folgenden Kombinationen basieren auf rein persönlicher Erfahrung. Inwieweit ihre Wirkung auf andere Menschen übertragbar ist, kann nicht gesagt werden.

Dennoch ist es sicher einen Versuch wert, sie einmal auszuprobieren.

Vorschläge für Kombinationen von »Schall und Rauch«

- *Thymian und Vivaldis »Winter«:*
  Die Behandlung festsitzender Erkältungen mit hartnäckiger Bronchitis und Erschöpfung läßt sich gut durch das Verräuchern von Thymian ergänzen. Der »Winter« aus Vivaldis »Vier Jahreszeiten« harmoniert dabei offensichtlich ausgezeichnet mit dem Thymian und intensiviert dessen Wirkung.

- *Pfefferminze und Panflöte:*
  Erkältungsbedingte Gliederschmerzen oder Halsentzündungen lassen sich gut mit Pfefferminze behandeln. Sowohl der Tee als auch das Verräuchern von Pfefferminzblättern leisten hier zuverlässige Dienste. Auf einer Panflöte gespielte einfache und ruhige Melodien scheinen diese Wirkung zu unterstützen. Bei Schmerzzuständen aller Art scheint verräucherte Pfefferminze in Kombination mit Panflötenmusik eine intensive lindernde Wirkung zu haben.

- *Rosen und Mozart:*
  Depressive Verstimmungen, auch Winterdepressionen, Niedergeschlagenheit und allgemein negative Weltsicht lassen sich gut mit Rosenduft behandeln. Verräuchert man nun Rosenblätter und lauscht wäh-

rend des Rituals harmonischen Klängen von Mozart, scheint sich die Seele von allen negativen Gefühlen befreien zu wollen.

Es ist natürlich nicht unbedingt erforderlich, das Räuchern mit Musik zu kombinieren. Am Anfang ist es vielleicht sogar ratsam, erst einmal auf die Wirkung der verschiedenen Räuchereien zu achten. Später kann dann, je nach Bedarf, mit Tönen experimentiert werden.

Dennoch passiert es nicht selten, daß während der Räucherzeremonie plötzlich das Bedürfnis nach einer bestimmten Musik aufkommt. Hören Sie auf Ihre erwachende Intuition!

Reinigung und Klarheit

Neben der heilenden Wirkung von verräucherten Hölzern, Harzen oder Kräutern schätzen die Menschen seit Urzeiten die atmosphärisch reinigende Eigenschaft des Rauches. Vor jeder religiösen Zeremonie wurde geräuchert, um alte Energiemuster zu vertreiben und klar und offen für das Ritual zu sein.

Auch in der heutigen Zeit können wir uns die spirituelle Reinigung zunutze machen.

Vor Gebeten und anderen spirituellen Ritualen sollte geräuchert werden, um die Atmosphäre zu reinigen und jegliche Blockaden zwischen Seele und Universum abzubauen. Oft scheitern die Versuche, erweiterte Bewußtseinszustände zu erlangen, an einer energetisch verunreinigten Umgebung – der Zugang zu den feinstofflichen Dimensionen ist blockiert. Auch ein kollektives Gebet um Gesundheit kann besser wirken, wenn der Raum vorher mit Rauch gereinigt wurde. Gerade bei diesem christlichen Brauch kann eine Räucherung mit Weihrauch während des gemeinsamen Gebets helfen, alle anwesenden Energien zu harmonisieren und die Bitte an Gott energetisch aufzuladen.

Haben Sie den energetischen Streß aus Ihrer Aura und der Umgebung erst einmal weggeräuchert, werden Sie ohne weiteres inneres Wohlbefinden und geistige Klarheit erreichen.

Innere Ruhe und Öffnung für kosmische Energien

Der energetisch reinigende Rauch bewirkt jedoch noch mehr: die Wiederherstellung der inneren Ruhe. Eine in sich harmonisierte Seele sucht aber automatisch den Kontakt mit ihrem Ursprung – sie öffnet sich über das höhere Selbst dem Kosmos. Dies geschieht jedoch nicht nur in eine Richtung: Über denselben Weg, der die Öffnung zum Göttlichen frei macht, fließt kosmische Energie zur Seele zurück. Eine Räucherzeremonie bewirkt also immer auch ein Aufladen mit kosmischer Energie, weshalb sich die meisten Menschen danach ausgeglichen und voller Schwung fühlen.

> **Kosmische Energie
> bringt uns Ausgeglichenheit
> und Elan zurück.**

Um diese Vielzahl von positiven Wirkungen auch genießen zu können, ist es wichtig, sich innerlich ganz auf die Räucherzeremonie einzustellen. Es macht keinen Sinn, dabei an den Einkaufszettel für den nächsten Tag zu denken – die freigesetzten Kräfte werden nicht voll ausgenutzt, wenn Sie Ihre Seele durch überflüssige Gedanken blockieren. Falls Sie Schwierigkeiten haben, Ihre abschweifenden Gedanken auszuschalten, sollten Sie vor dem Räucherritual eine Aura-Reinigung machen, sie wird Ihnen inneren Frieden und Gleichgewicht vermitteln.

> **Wenn Sie gedanklich
> nicht abschalten können, sollten Sie
> zunächst Ihre Aura
> von störenden Energien befreien.**

Anschließend wird Ihr Geist die nötige Klarheit besitzen, um alle Gedanken loszulassen, und oft findet sich nach einer Räucherzeremonie eine erstaunlich einfache Lösung für ein vorher scheinbar unlösbares Problem.

Im Grunde weiß Ihre Seele selbst die richtigen Antworten auf alle Fragen, die sie beschäftigen – sie muß nur die Chance erhalten, sich zu entfalten. Helfen Sie sich und Ihrer Seele dabei mit harmonisierendem Rauch!

Botschaften an die Götter

Räucherzeremonien sind besonders dafür geeignet, Gebete zu begleiten, da neben der energetischen Reinigung auch der Kontakt zu den höheren Dimensionen unterstützt wird.

Jedes Gebet, das eine Bitte an die göttlichen Helfer beinhaltet, stellt ein bestimmtes Energiemuster dar, das stark genug sein muß, um »nach oben« vordringen zu können. Ist die Seele oder der Raum, in dem gebetet wird, voll von energetischem Wirrwarr, kann sich die Bitte darin verfangen und dringt unter Umständen nie weit genug vor, um ihr Ziel erreichen zu können.

Um die Gebetsenergie zu stabilisieren und als deutliches Energiemuster »abschicken« zu können, sind Räucherungen mit Weihrauch oder anderen Harzen hilfreich.

Empfehlenswert für das persönliche Gebet ist eine Räuchermischung aus Harzen und getrockneten Blütenblättern der jeweiligen Jahreszeit.

> **Richten Sie sich eine kleine Gebetsecke ein, in der Sie Ihre Bitten mit Räuchereien begleiten können.**

Wenn Sie immer an demselben Ort beten, wird sich hier ein besonderes Energiefeld aufbauen und den Kontakt zu den himmlischen Sphären erleichtern – die Einrichtung einer speziellen Gebetsecke ist also sehr zu empfehlen.

Wenn sie bereits Erfahrungen mit der Wirkung der verschiedenen Kräuter, Harze, Hölzer und Blüten auf Ihre Seele gemacht haben, können Sie diese auch beim Beten einsetzen.

Je nach dem Anliegen Ihres Gebets können Sie die Räucherei auswählen, die von der Grundstimmung her am besten zu Ihrem Wunsch paßt.

Rauch als Opfergabe

Neben den bereits vorgestellten Wirkungsweisen von Räuchereien gibt es noch einen anderen spirituellen Aspekt dieser alten esoterischen Praktik: Schon seit vorgeschichtlichen Zeiten wurde das Räucherwerk als Opfergabe an die Götter betrachtet, ein Brauch, der für die heutigen Zeiten zunächst schwer vorstellbar scheint.

Als unsere Vorfahren in ihrer nackten Existenz noch auf das angewiesen waren, was sie jagten und ernteten, hingen ihre Lebensumstände ganz von ihrem Erfolg in diesen Dingen ab. Da die Menschen der Vorzeit sich als abhängig von der göttlichen Führung empfanden, wurde eine besonders gute Ernte als Wohlwollen der Götter, eine Mißernte dagegen als eine Art höhere Strafe interpretiert. Entsprechend bedankte man sich mit Opfergaben aus den reichhaltigen Ernte- und Jagderfolgen, und auch in mageren Jahren wurde ein Teil der spärlicheren Erträge geopfert, um die Götter wieder gnädig zu stimmen. Die Opfergaben wurden während einer religiösen Zeremonie ins Feuer geworfen und verbrannt. Da es teilweise auch Tieropfer gab, halfen stark riechende Kräuter wie Salbei oder Thymian, den Gestank zu überdecken.

Opfergaben wurden verbrannt, um den Göttern zu danken oder sie gnädig zu stimmen.

Da die griechischen Götter als besonders launisch bekannt waren, mußten die Gläubigen sehr gewissenhaft mit den Opfergaben umgehen, um nicht aus Versehen eine Gottheit zu beleidigen. Mancher Opferkult entwickelte sich sogar zu einer Art Tauschhandel mit den höheren Wesen: Die Menschen dachten, je größer und wertvoller ihr Opfer ist, desto wahrscheinlicher sei die Erfüllung ihrer Bitten – ein Glaube, den die christliche Kirche im Mittelalter mit dem Verkauf von Ablaßscheinen auf die Spitze trieb.

Fast jede Religion kennt Opfergaben an die Götter, ob nun als Danksagung, Sühnegeschenk oder Unterstützung für persönliche Bitten. Kaum ein Mensch der westlichen Welt kommt jedoch heute noch auf die Idee, sich bei seinem Gott zu bedanken, geschweige denn, ihm eine persönliche Opfergabe zu bringen.

Dabei kann es eigentlich nicht verkehrt sein, hin und wieder den Rauch von Blüten der Saison gen Himmel zu schicken – ein damit verbundenes Dankgebet wird sein Ziel bestimmt erreichen.

Gemeinschaft schaffen – Räuchern mit Freunden

Räucherrituale können wunderbar gemeinsam mit Freunden durchgeführt werden. Sitzt man in einer netten Runde zusammen, kann ein harmonisierender

Rauch die empfundene Verbundenheit noch steigern. Auch heftigen Diskussionen kann durch beruhigenden Rauch die Gefahr des Entgleisens genommen werden. Das gemeinsame Räuchern verbindet die Seelen auf einer höheren Ebene und läßt sie die Grenzen des Alltags überwinden.

> **Gemeinsam durchgeführte Räucherzeremonien pflegen die Freundschaft.**

Auch das Erreichen eines Trancezustands kann durch gleichzeitiges Räuchern erleichtert werden: Die Energien im Raum werden gereinigt, und die Öffnung zu höheren Dimensionen geschieht leichter. Das Einschwingen auf einem ähnlichen Energieniveau verbindet alle Beteiligten viel stärker als manche andere gemeinsame Tätigkeiten.

Sie sollten es einfach einmal ausprobieren. Selbst ein Spieleabend mit Freunden kann durch eine Räucherei bereichert werden. Vergleichen Sie die Atmosphäre eines gemeinsamen Abends mit Räucherwerk mit der bei Ihren früheren Treffen, und sie werden bald einen großen Unterschied feststellen.

Auch für Ihre Partnerschaft können Räuchereien positive Veränderungen bringen. Durch eine gereinigte Atmosphäre ist die Begegnung zweier Menschen auf einer harmonischeren Basis möglich. Viel zu oft tragen wir den Streß des Alltags mit nach Hause in unser Familienleben oder unsere Partnerschaft. Doch anstatt das Wochenende mit sich ewig wiederholenden Klagen über ungeliebte Kollegen zu verschwenden, sollten Sie diese Sorgen einfach mit Rauch vertreiben – er hilft dabei, Ihre private Atmosphäre zu erhalten. In einem mit Rauch gereinigten Wohnzimmer sind plötzlich wieder persönliche Gespräche über Ihr wahres Ich möglich.

Auch bei sinnlichen Stunden zu zweit kann ein stimulierendes Räucherwerk wahre Wunder bewirken. Die Wohlgerüche von Nelken, Safran oder Sandelholz lassen den grauen Alltag versinken und verführen zum Austausch von Zärtlichkeiten.

Eins sein mit der Natur

Beim Räuchern mit natürlichen Substanzen wird unsere Seele unbewußt eine intensivere Verbindung mit der Natur eingehen, denn intuitiv weiß jede Seele um die Wirksamkeit der Substanzen aus der Apotheke Gottes.

Es gibt einige Hölzer, Kräuter, Blüten oder Harze, die einen besonders starken Bezug zur Natur herstellen können. Dies kann bedeuten, sich den natürlichen Rhythmen hinzugeben oder auch das Gefühl von Geborgenheit zu verspüren.

Besonders geeignet für derartige Räuchereien sind *Lindenblüten* und *Eichenrinde*, allerdings sollten diese Substanzen getrennt voneinander benutzt werden, weil ihre jeweilige Wirkung sehr verschieden ist:

- *Lindenblüten*
  führen die Seele in luftige, klare und sonnendurchflutete Höhen, sie entsprechen dem voll entfalteten Frühling und sind daher in der Lage, ein Hochgefühl der freudigen Erwartung auszulösen.

- *Eichenrinde*
  vermittelt ein Gefühl für die Reife und Ernte im Frühherbst. Die Wirkung kann zu einer Art positiven Bestandsaufnahme des eigenen Lebens führen und die wirklich wichtigen, erdverbundenen Themen des Lebens in den Vordergrund rücken.

Doch der Gebrauch dieser beiden natürlichen Substanzen kann sich auch nach dem inneren Gefühlszustand richten. Fühlt man sich niedergeschlagen und empfindet das eigene Leben als Last, können Lindenblüten helfen. Hat man hingegen den Eindruck, alle Dinge, nach denen man greift, verflüchtigten sich, alles verschwinde im Diffusen, sollte mit Eichenrinde geräuchert werden, um wieder eine gesunde Bodenständigkeit herzustellen.

Grenzbereiche:
Rauch und Rausch

Jedes Inhalieren von verbrannten Substanzen führt zu einer Veränderung des körperlichen und seelischen Zustands. Die Grenzen zwischen wohltuender Entspannung und leichtem Rausch sind dabei vielfach fließend. Bekanntermaßen haben einige Kräuter und andere natürliche Substanzen eine berauschende Wirkung. Entsprechend können auch verschiedene Räuchereien einen Rauschzustand auslösen, wenn die Atemluft in einem geschlossenen Raum mit den narkotisierenden Substanzen durchsetzt ist.

> **Die Grenzen zwischen wohltuender Entspannung und leichtem Rausch sind fließend.**

In vielen Kulturen wurde und wird mit berauschenden Pflanzenteilen geräuchert, meist, um bei rituellen Handlungen das Bewußtsein der Anwesenden zu erweitern.
 Die Priester vieler antiker Tempel räucherten jedoch gezielt mit berauschenden Drogen, um in einen Trancezustand zu gelangen, in dem sie in die Zukunft sehen und Prophezeiungen aussprechen konnten.

Auch wenn die berauschende Wirkung einiger Räuchereien verlockend klingen mag, ist von Experimenten abzuraten. Wir verfügen heute nicht mehr über genaue Kenntnis einer gesundheitlich vertretbaren Dosierung. Insofern sollte man sich von Räuchereien, die wie Halluzinogene wirken, fernhalten.

Räucherrituale und -zeremonien

Es ist eigentlich erstaunlich, daß der Brauch des Räucherns in der westlichen Welt für lange Zeit in Vergessenheit geraten war, denn er bildete – wie Musik und Gesang, Tanz und Gebete – bei unseren Vorfahren einen unverzichtbaren Bestandteil fast aller religiösen oder spirituellen Zeremonien.

Wenn Sie in Zukunft ein kleines Räucherritual in Ihr Leben einbeziehen möchten, können Sie es mit den anderen Bestandteilen einer spirituellen Zeremonie kombinieren.
 Es gibt viele Anlässe, ein persönliches Fest zu gestalten – ob es nun der eigene Geburtstag oder ein kirchlicher Feiertag wie Weihnachten oder Ostern ist, bleibt dem Einzelnen überlassen. In letzter Zeit wächst verstärkt das Bedürfnis, Feste entsprechend dem natürlichen Jahresverlauf zu feiern. In dem Kapitel *Persönliche Räucherrituale* finden Sie zum Beispiel Vorschläge für eine *Sonnenwendfeier*.

Aber auch tägliche oder wöchentliche Rituale können selbst erdacht und zum festen Bestandteil des eigenen Lebens werden. Verlassen Sie sich bei der Zusammenstellung Ihres persönlichen Rituals am besten auf Ihre Intuition. Einige Anregungen finden Sie in den Kapiteln *Schall und Rauch* und *Botschaften an die Götter*.

Räuchern in Tempeln und Kirchen

Der heilige Rauch in den Tempeln der Antike setzte sich oftmals aus Weihrauch und Myrrhe zusammen – eine der Gaben der Heiligen Drei Könige an das Jesuskind – und bis in die heutige Zeit hinein findet man Weihrauch als festen Bestandteil religiöser Räuchereien in allen Kulturen. So wird auch in der katholischen und orthodoxen Kirche seit jeher mit Weihrauch geräuchert. Eine allgemeine Rückbesinnung auf Räuchereien als Bestandteil des Gottesdienstes hat in den meisten Kirchen beispielsweise jedoch noch nicht stattgefunden: In protestantischen Kirchen wird überhaupt nicht geräuchert, obwohl diese alte Methode der Reinigung und spirituellen Öffnung eine schöne Ergänzung des Gottesdienstes bilden könnte. Wenn Sie in einer Kirchengemeinde aktiv sind, sprechen Sie dieses Thema doch einmal an – vielleicht finden Sie ja einige Gleichgesinnte, die Sie in den Bestrebungen unterstützen, das Räucherwerk genau wie Kerzen oder geistliche Musik in den Gottesdienst zu integrieren.

Für das spirituelle Räucherritual in den eigenen vier Wänden sind Ihrer Phantasie und Ihren Bedürfnissen keine Grenzen gesetzt, und auch bei religiösen Gebets-

oder Diskussionskreisen kann der Einsatz von Räuchereien eine Bereicherung sein.

Räuchern zur Sommersonnenwende

Rund um den 21. Juni wurde und wird seit Tausenden von Jahren die Sonnenwende gefeiert. Der längste Tag und die kürzeste Nacht des Jahres bilden einen besonderen Einschnitt im Jahresablauf – der Sommer entfaltet seine volle Kraft, und die Ernte steht bevor. Nicht nur die keltische, germanische und indianische Tradition kennt Sonnenwendfeiern, auch in Asien und Afrika wird dieser Tag gefeiert.

Obwohl die Sonnenwendfeiern mit ihren reichhaltigen leiblichen Genüssen, mit Tanz und Musik zu den ausgelassensten und fröhlichsten Anlässen gehören, haftet ihnen stets auch etwas Wehmütiges an: Mit diesem Tag hat die Sonne ihren Zenit für das laufende Jahr überschritten, ab jetzt gilt es, Vorsorge für den nächsten Winter zu treffen.

Feiern Sie doch einmal im Kreise Ihrer Freunde eine vergnügte Sonnenwendfeier in Verbindung mit einer Räucherzeremonie!

Alle alten Vorräte sollten bis zu diesem Tag aufgebraucht sein, das Alte muß dem Neuen Platz machen, sowohl in materieller als auch in spiritueller Hinsicht. Es galt bei unseren Vorfahren als schlechtes Omen, wenn an diesem Tag vergessen wurde, getrocknete Vorräte aufzubrauchen oder zu verbrennen. Die Vorräte aus dem letzten Winter tragen noch die Energien der dunklen Jahreszeit in sich, und diese sollten nicht in das neue Sonnenjahr mitgenommen werden.

So wurden zu den Sonnenwendfeiern bei den Kelten und Germanen oft alle Kräuterreste des vergangenen Jahres im Freien verbrannt, um für die bevorstehende Ernte, die voller Sonnenkraft sein würde, den Weg frei zu machen. Vielfach wurden auch Kränze aus Kräutern geflochten und diese dann angezündet. Auch die Feuerräder, die brennend einen Hügel heruntergestoßen werden, waren ursprünglich mit übriggebliebenen Kräutern des letzten Sommers bestückt.

Die folgenden Räuchereien sind besonders gut für eine Sonnenwendfeier geeignet:

- *Beifuß*
  bewirkt nicht nur eine innere und äußere Reinigung, sondern auch auf der geistigen Ebene ein Loslassen des Alten und Hinwenden zum Neuen. Seelische Entwicklungsprozesse werden unterstützt und machen den Weg frei für neue Dinge.

- *Johanniskraut*
  kommt am Tag der Sonnenwende ebenfalls eine besondere Bedeutung zu. Die Heilwirkung wird als nervenstärkend, ausgleichend, aufheiternd und gleichzeitig beruhigend beschrieben, aus diesem Grund wurde Johanniskraut zur Sonnenwende besonders von Menschen bevorzugt, die schwere Zeiten hinter sich hatten.

Vorschläge für die Gestaltung einer Sonnenwendfeier finden Sie im Kapitel *Persönliche Räucherrituale*.

Räuchern zur Wintersonnenwende

Die Wintersonnenwende am 21. Dezember beschert uns die längste Nacht und gleichzeitig den kürzesten Tag des Jahres. Von da an geht es wieder »bergauf«: Die Tage werden länger, und alles strebt hoffnungsvoll dem Frühling entgegen.

Eine Räucherei zu diesem Wendepunkt des Jahres im tiefsten Winter soll Körper, Seele und Geist reinigen.

Die typischen Gewürze der Weihnachtsbäckerei wie

- Zimt,
- Nelken,
- Minze oder
- Koriander

sind auch für eine winterliche Räucherei zu empfehlen. Ihr Duft macht ein wohlig warmes Gefühl und bereichert die Seele mit weichen Schwingungen. Eine Räucherei zur Wintersonnenwende stellt Geborgenheit im großen Zusammenhang des Lebens her und weckt Vertrauen für Entwicklungen, die mit dem neuen Jahr beginnen könnten.

Räuchern zur Tag- und Nachtgleiche

An den sogenannten Tag- und Nachtgleichen im Frühling und Herbst sind der Tag und die darauffolgende Nacht genau gleich lang.

- *Frühling:*
  Die Aufbruchstimmung des Frühlings birgt schon die kraftvolle Aktivität des bevorstehenden Sommers in sich. Zu diesem Zeitpunkt kann besonders gut mit Lindenblüten geräuchert werden, um die letzten Reste der winterlichen Schwermut abzuschütteln und beschwingt und frohen Mutes in die warme Jahreszeit aufzubrechen.

- *Herbst:*
  In dieser eher besinnlichen Zeit kann besonders gut mit Eichenrinde geräuchert werden – ihr Duft bietet es an, ein erstes Resümee der bereits vergangenen Monate zu ziehen. Die Vorbereitungen für den langen Winter können geplant werden, und die gesundheitliche Vorsorge sollte nun ganz in den Vordergrund rücken.

Persönliche Räucherrituale

Ein Ritual bedeutet, daß Ablauf, Zutaten und Utensilien beim Räuchervorgang immer dieselben sind. Dies kann dabei helfen, sich besser zu konzentrieren oder den Geist schneller zur Ruhe zu bringen. Ist ein Ritual erst einmal von unserem Unterbewußtsein aufgenommen worden, versteht die Seele automatisch, was auf sie zukommt, wenn Sie mit dem Ritual beginnen. Der Vorteil eines Rituals besteht darin, daß man sich nicht so sehr auf die Handhabung konzentrieren muß und dadurch schneller zu innerer Ruhe findet.

Je nach dem persönlichen Geschmack gibt es viele Möglichkeiten, ein persönliches Räucherritual zu entwickeln. Im allgemeinen hat ein Ritual einige feste Bestandteile, die nach der eigenen Intuition festgelegt werden.

Folgende Bestandteile könnten bei Ihrem Räucherritual gleichbleibend sein:

- Ort,
- Uhrzeit / Tageszeit,
- Musik,
- Licht (farbiges Licht oder Kerzenschein),
- Gebet,
- Meditation,
- Räuchermischung,
- Bewegungsablauf.

Wichtig ist vor allem, daß Ihnen alle Teile Ihres persönlichen Rituals wirklich gefallen. Es hat keinen Sinn, das Ritual eines anderen Menschen zu übernehmen, wenn Sie beispielsweise die Musik nicht mögen.

Ein Ritual muß aber nicht für alle Zeiten starr und unbeweglich sein. Vielleicht mögen Sie Ihr jetziges Ritual eine Zeit lang und später nicht mehr. Haben Sie keine Hemmungen, es nach Herzenslust zu gestalten und zu verändern, wenn Ihnen danach ist. Vielleicht bevorzugen Sie einen festen Rahmen, brauchen aber einige Variationsmöglichkeiten, wie zum Beispiel wechselndes Räucherwerk und verschiedene Musik. Zwingen Sie sich zu nichts, denn schließlich bestimmen Sie allein über das Ritual.

Rituale sind eine sehr persönliche Angelegenheit und werden oft allein durchgeführt. Doch es gibt auch andere Anlässe, die man gern zusammen mit anderen Menschen feiert – auch diese Feste können durch eine Räucherei bereichert werden.

Feiern Sie die Sonnenwende!

Falls Sie Lust haben, Ihre eigene Sonnenwendfeier zu gestalten, finden Sie nachfolgend einige Anregungen, wie man alte Rituale für unsere heutige Zeit etwas umgestalten kann:

- Es liegt scheinbar auf der Hand, daß man aus der Sommersonnenwende ein Grillfest macht. Wenn Sie Glück haben, verfügen Sie über einen eigenen Garten oder Balkon. Sonst gibt es in vielen öffentlichen Parks Grillplätze, die man benutzen darf. Plazieren Sie kleine Räucherschalen mit besonderen Räuchermischungen an verschiedenen Stellen rund um den Grillplatz.

- Wenn Sie sich die Mühe machen möchten, können Sie für jeden Teilnehmer einen Kranz aus Kräutern flechten, der zur Begrüßung als Kopfschmuck aufgesetzt wird. Diese Kränze sollten um Mitternacht, wenn der längste Tag in die kürzeste Nacht übergeht, verbrannt werden. Alle Teilnehmer stehen dabei um das Feuer herum und atmen den Rauch der Kräuter ein. (Ein hierfür besonders gut geeignetes Heilkraut ist Salbei, Sie können übrigens auch ein wenig davon in die Grillkohle streuen.)

- Zur Begrüßung können Sie einen Kelch mit Kräuterwein herumreichen, aus dem alle trinken. Bestehen Disharmonien zwischen einigen Personen, ist jetzt Gelegenheit zur Aussöhnung. Danach entzünden Sie einen kleinen, von Steinen umgebenen Holzstoß.

- Wenn alle Gäste da sind, setzen sie sich am besten im Kreis um Ihren Grillplatz herum. Nehmen Sie eine kleine tragbare Räucherschale mit etwas Salbei und zünden ihn an. Gehen Sie mit dem rauchenden Gefäß um den Kreis herum, und zwar zuerst außen, dann innen. Anschließend können die Gäste das Gefäß von

Hand zu Hand weiterreichen, damit jeder den Salbeirauch in seine Aura aufnimmt. Das Gefäß sollte dabei mehrfach um den ganzen Körper herumgeführt werden. Haben alle das Ritual vollzogen, kann das Salbeigefäß in die Mitte des Kreises gestellt werden und dort ausglühen.

- Vielleicht sprechen nun alle zusammen ein Dankgebet für diesen Tag und das endende Sonnenjahr. Dies kann laut oder leise geschehen.

- Jetzt kann gegessen, getrunken und getanzt werden. Falls Sie in der Lage sind, selbst Musik zu machen und zu singen, um so besser!

- Jeder Gast kann um Mitternacht einen Zettel mit seinen Wünschen für das nächste Sonnenjahr im Sonnenwendfeuer verbrennen, am besten zusammen mit seinem Kräuterkranz. Auch alte, über das vergangene Sonnenjahr angesammelte Kräuter oder getrocknete Blumen können dann in das Feuer geworfen werden.

- Am Ende des Festes kann sich jeder Gast ein wenig von der erkalteten Salbeiasche aus der Räucherschale auf das dritte Auge auftragen, aber nicht vor Mitternacht! Der reinigende Salbei muß nämlich den Übergang des längsten Tages in die kürzeste Nacht vollzogen haben, erst dann kann er seine geheimnisvolle Wirkung entfalten, die besonders reinigend und heilend sein soll.

Laden Sie Ihre besten Freunde ein, und genießen Sie diesen besonderen Abend im Einklang mit der Natur. Überlassen Sie ruhig Ihrem Instinkt die Führung bei der Gestaltung Ihres persönlichen Programms für die Sonnenwendfeier...

Räucher-Utensilien

Zum Räuchern benötigt man einiges Zubehör – es ist jedoch nicht schwer zu beschaffen und auch nicht teuer. Wie bei jedem Umgang mit offenem Feuer müssen aber auch bei Räucherzeremonien einige Grundregeln beachtet werden:

- Lassen Sie Räuchereien, genau wie brennende Kerzen, niemals unbeobachtet. Durch einen Luftzug können Funken überspringen und ein unerwünschtes Feuer entfachen.
- Verwenden Sie keine Porzellan- oder Keramikschalen, sie könnten durch die Hitze platzen.
- Stellen Sie Räucherschalen nie direkt auf Holztische oder andere brennbare Untergründe (wie zum Beispiel Tischdecken), durch die Hitze könnten häßliche Brandflecken entstehen.
- Lassen Sie keine brennbaren Gegenstände, insbesondere kein Papier zu nahe an der Räucherstelle stehen.
- Stellen Sie vorsorglich ein Gefäß mit Wasser neben die Räuchereien.
- Lassen Sie niemals Kinder unbeaufsichtigt in die Nähe von Räuchereien.
- Verwenden Sie für die Räucherschalen im Haus nur kleine Kohletabletten, niemals Reste von Grillkohle, Eierbriketts oder Holzscheite.
- Auch wenn Sie stolzer Besitzer eines Kamins sind –

verwenden Sie lieber Räucherschalen, da beim Verräuchern von Harzen im Kamin verstärkt Funken sprühen könnten.

Diese Warnungen mögen manchem Leser überflüssig vorkommen, weil die meisten Menschen ohnehin vorsichtig mit Feuer umgehen. Doch es kann nie schaden, noch einmal daran zu erinnern: Auch wenn das offene Feuer noch so klein ist, es bleibt eine potentielle Gefahr. Vorsicht ist besser als Nachsicht!

Räucherstäbchen

Die simpelste Möglichkeit, Wohnräume mit Wohlgerüchen durch Räucherwerk zu versehen, sind Räucherstäbchen. Dies sind dünne Holzstäbchen, ähnlich den Schaschlikspießen, die mit einer festen braunen Duftmasse beschichtet sind.

- Stecken Sie das untere, nicht beschichtete Ende in einen Behälter, beispielsweise eine kleine Vase, damit das Stäbchen nicht umfallen kann.
- Zünden Sie das obere Ende an, und pusten Sie die entstandene Flamme nach einigen Sekunden wieder aus, so daß nur noch die Glut zurückbleibt.
- Nun verglüht die Räuchersubstanz langsam während der nächsten ein bis zwei Stunden. Da die entstehende Asche herabfällt, sollten Sie einen Teller unter den Behälter mit dem Räucherstäbchen stellen.

Die Räuchermischungen der meisten Stäbchen duften hauptsächlich nach einer bestimmten Substanz, die auf der Verpackung angegeben ist, beispielsweise Weihrauch, Amber oder Sandelholz. Dies bedeutet aber nicht, daß sie hundertprozentig aus diesen Duftstoffen bestehen oder daß es sich dabei um reine und natürliche Substanzen handelt – in vielen Fällen ist nur die Geruchsrichtung gemeint.

Leider wird auch bei den Räucherstäbchen – ebenso wie bei den Aromadüften – der Duft oftmals synthetisch hergestellt. Es empfiehlt sich also in jedem Fall, die Inhaltsangabe auf der Verpackung genau durchzulesen. Finden sich darauf keine genauen Bezeichnungen, kann davon ausgegangen werden, daß es sich nicht um natürliche Stoffe, sondern nur um die Duftrichtung handelt.
 So einfach die Handhabung eines Räucherstäbchens auch ist, in den meisten Fällen ist trotzdem von ihrem Gebrauch abzuraten: Die Qualität der Ware ist nicht kontrollierbar, und rein synthetische Duftstoffe können nicht zu der erwünschten Wirkung führen, die natürliche Substanzen auszeichnen.

Räucherkegel

Eine Alternative zu Räucherstäbchen sind Räucherkegel. Hierbei handelt es sich um fertige Räuchermischungen, die in eine dreieckige Form gepreßt sind. Die kleinen

Kegel werden auf einen Teller gestellt und an der Spitze angezündet. Genau wie beim Räucherstäbchen wird die Flamme ausgepustet, und nur die Glut bleibt zurück. Sie können Räucherkegel in einigen esoterischen Läden kaufen, am besten fragen Sie vorher nach.

Auch bei Räucherkegeln sind die Inhaltsstoffe auf der Verpackung nicht immer ausgewiesen, da manche Hersteller das Rezept geheimhalten möchten. Die Räucherkegel sind aber in der Regel qualitativ besser als Räucherstäbchen und lassen sich gut zum Räuchern »nebenbei« benutzen. Falls Sie beispielsweise ein spirituelles Buch lesen und Ihren Geist für seine Inhalte öffnen möchten, können Sie dies mit dem Duft eines Räucherkegels unterstützen.

Es bleibt allerdings auch hier das Restrisiko, daß die Qualität der verarbeiteten Substanzen nicht kontrollierbar ist.

In Brasilien gibt es sehr genau differenzierte Räuchermischungen in Kegelform, da die geschichtlich bedingte Vermischung von Naturreligionen, einschließlich einiger Voodoo-Elemente, mit den katholischen Praktiken eine erstaunliche Räucherkultur hervorbrachte. Es gibt Räucherkegel für alle Bereiche und Probleme des Lebens, so zum Beispiel für spirituelle Öffnung, Glück, Wohlstand oder die Öffnung neuer Wege im Leben. Geschäftsleute können eine Räuchermischung kaufen, die neue Kunden bringen soll, Gläubige ihre Gebete räuchernd begleiten, damit diese in Erfüllung gehen. Es gibt kaum einen menschlichen Wunsch, der nicht durch Räucherkegel unterstützt werden könnte – die Ingredienzen sind natürlich geheim.

Auch Sie erhalten jetzt die Möglichkeit, sich diese sehr wirksamen Räucherkegel aus Brasilien schicken zu lassen (siehe: Bezugsquellen).

Räucherschalen

Seit Jahrtausenden wird in sogenannten Räucherschalen, deren Format von winziger Teeschälchengröße bis zu großen Kübeln reichen kann, geräuchert. Besonders in den antiken Tempelanlagen wurden oft große Schalen von etwa einem Meter Durchmesser benutzt, um Zeremonien mit vielen Teilnehmern durchführen zu können.

Für den Hausgebrauch bieten sich Schalen von Tassen- bis höchstens Kuchentellergröße an. Wegen der Gefahr des Platzens durch die sich entwickelnde Hitze sollten keine Schalen aus Porzellan oder Keramik verwendet werden.

Am besten eigenen sich Räucherschalen aus:

- *Ton:*
  Tongefäße werden bei Temperaturen zwischen 800 °C und 1200 °C gebrannt. Daher ist ihre Hitzebeständigkeit auch ausreichend hoch, so daß sie keine Pro-

bleme beim Räuchern verursachen. Vielfach wird der unglasierte Ton bevorzugt, weil durch das poröse Material eine Art Klimatisierung stattfindet. Doch das ist wirklich Geschmackssache, denn auch glasierte Tonschalen weisen dieselbe Hitzebeständigkeit auf. Viele Menschen mögen das rauhe Gefühl von ungebranntem Ton nicht und entscheiden sich daher für das glatte Material.

Tonschalen müssen nicht teuer sein: Eine schlichte Schale reicht völlig aus, sogar eine normale Teetasse aus Ton kann gute Dienste leisten. Der Ton wird beim Räuchern warm, aber nicht heiß und verhält sich außerdem völlig neutral gegenüber den Räuchersubstanzen. Alles in allem eigenen sich Schalen aus Ton am besten für Ihre Räuchereien.

- *Metall:*
  Metallschalen sind ebenfalls hitzebeständig und daher auch zum Räuchern geeignet. Doch Vorsicht bei Legierungen, die Blei oder Zink enthalten – diese Schwermetalle haben einen niedrigen Siedepunkt, können also anschmelzen und hochgiftige Gase entwickeln! Edelstahlschalen bieten unter den Metallschalen die größte Sicherheit. Dennoch haben Metallschalen einen entscheidenden Nachteil: Sie werden schnell heiß, weil sie die Hitze der Glut sehr gut leiten. Zudem können manche Metallegierungen mit den verräucherten Substanzen Verbindungen eingehen, die nicht unbedingt gesundheitsfördernd sind.

> **Stellen Sie die Räucherschalen
> niemals ohne Untersatz
> auf einen Holzuntergrund – es kann
> Brandflecken geben!**

Stellen Sie unter die Schale am besten immer ein Stövchen als Hitzedämmer – ohne Teelicht natürlich.

Duftlampen

Duftlampen bestehen aus einem Stövchen und einer kleinen Schale, die darauf gestellt wird. In die Schale wird Wasser gefüllt und einige Tropfen eines ätherischen Öls hineingegeben, das dann zusammen mit dem Wasser verdampft und sich so mit der Raumluft vermischt.

Im Prinzip werden auch hier Substanzen durch Hitze in Gase verwandelt und so der Atemluft zugeführt. Das Verdampfen per Duftlampe hat also einen ähnlichen Effekt wie das Räuchern. Ein Unterschied besteht aber darin, daß beim Räuchern trockene und beim Verdampfen feuchte Hitze erzeugt wird – allerdings führt der feuchte Dampf aus der kleinen Duftlampe nicht unbedingt zu einer spürbaren Erhöhung der Luftfeuchtigkeit im Raum.

Entscheidend ist jedoch, daß in der Duftlampe mit den

ätherischen Ölen eine *Konzentration der öllöslichen Teile* der Pflanzen verdampft wird – wasserlösliche und andere Substanzen sind, wenn überhaupt, nur in geringem Maße darin enthalten. Diese Konzentration der Stoffe in den ätherischen Ölen bedeutet eine erhöhte Wirksamkeit gegenüber dem Verräuchern der getrockneten Pflanzen mit allen darin enthaltenen Stoffen.

Manche Freunde von Duftlampen haben auch schon andere Experimente damit gemacht: Getrocknete Kräuter können zum Beispiel in eine kleine Menge Wasser eingelegt und für einen Tag auf die Fensterbank gestellt werden, dort wo am meisten Sonne hinkommt. Diese sonnendurchflutete Mischung wird dann am Abend auf das Stövchen gestellt und verdampft. So gelangt ein breiteres Spektrum an pflanzlichen Substanzen in die Atemluft.

> **Das Verdampfen von Naturstoffen mit der Duftlampe ist eine Alternative für alle, die nicht gern mit Feuer hantieren.**

Die Möglichkeiten von Duftlampen sind dennoch begrenzt: Harze, wie zum Beispiel Weihrauch, können nicht eingesetzt werden, da die Wirkstoffe nur durch Verräuchern aktiviert werden können.

Über einen interessanten Nebeneffekt des Räucherns haben einige Raucher berichtet: Während des Räucherns sinkt das Bedürfnis nach einer Zigarette drastisch, selbst manche starken Raucher »vergaßen« über ein oder zwei Stunden ihre Sucht. Vielleicht könnte ja das regelmäßige Räuchern am Abend den Zigarettenkonsum verringern...

Kerzen

Kerzen dienen beim Räuchern nicht nur als Anzünder für die Kohletablette, sie können dem Räucherritual auch einen schönen und feierlichen Rahmen geben. Es sollte jedoch darauf geachtet werden, daß die Kerzen nicht zusätzlich parfümiert sind, sonst stören diese meist künstlichen Düfte die Geruchsentwicklung des Räucherwerks.

Unabhängig von der angenehmen Atmosphäre, die Kerzen verbreiten, können sie beim Räuchern auch noch anderweitig genutzt werden:

Spirituelle Öffnung mit Hilfe von Kerzen

Mit Räuchermischungen, die den Geist öffnen und die Kontaktaufnahme mit den höheren Ebenen fördern, kann eine spirituelle Meditation entwickelt werden. Nachdem die Gerüche vom Räucherwerk sich im Raum verteilt und Sie schon einige Züge eingeatmet haben, kann die brennende Kerze als Meditationshilfe dienen.

- Setzen Sie sich – vorzugsweise im Lotussitz, sonst im Schneidersitz – vor den Räucherplatz. Der Rücken sollte möglichst gerade sein. Legen Sie die geöffneten Hände mit den Handrücken auf die Knie – so kann kosmische Energie in die Handflächen einströmen.
- Die brennende Kerze sollte sich ungefähr in Ihrer Augenhöhe befinden.
- Konzentrieren Sie Ihren Blick auf die Flamme. So hat der Geist einen Fixpunkt und kann zur Ruhe kommen.
- Je nach Ihrem innerem Bedürfnis können Sie nun durch die geöffneten Handflächen kosmische Energie tanken und um Kraft bitten.

Erfahrungen mit der Kerzenmeditation

Durch die meditative Konzentration auf die Kerze können unter Umständen Bilder in der Flamme erscheinen. Hierbei handelt es sich um Botschaften Ihres höheren Selbst. Diese symbolischen Hinweise können oftmals helfen, ein neues Fenster am inneren Horizont zu öffnen. Wenden Sie sich den Ihnen gezeigten Themen zu, und werten Sie diese Hinweise aus. Manchmal ergibt sich so eine ganz ungeahnte Lösung für ein akutes Problem.

- Je nach der jeweiligen Entwicklungsstufe der Seele und der Zielrichtung des Räucherwerks, beispielsweise bei Lorbeer, könnten in der Kerzenflamme kurze Eindrücke als Hinweis auf die Zukunft auftauchen.

- Es wurden auch schon Erfahrungen mit Bildern aus eigenen Vorleben beschrieben, allerdings scheint dieser mögliche Rückblick nicht mit einer bestimmten Räuchermischung in Zusammenhang zu stehen. Entscheidend für diese Form des rückblickenden Erlebens ist wohl der Entwicklungsstand der Seele.

Unabhängig von den meditativen Möglichkeiten stellt die Kerze als warme Lichtquelle eine schöne Ergänzung der Räucherzeremonie dar.

Räucher-Praktiken

Nach Ihren ersten Erfahrungen mit den angenehmen Gerüchen von Räuchereien und deren Wirkung wird sich die Begeisterung für diese uralte Praktik von selbst einstellen.

Räuchern kann zu einer wahren Bereicherung des Alltags und in viele Lebensbereiche integriert werden. Das meditative Räuchern am Abend, um zu sich zu finden und innere Ruhe zu erlangen, stellt dabei bei weitem nicht das einzige Anwendungsgebiet dar.

Die verräucherten Substanzen wirken auf Körper und Geist, Stimmungen können beeinflußt, aber auch das Energieniveau von Räumen, Menschen oder Gegenständen durch Räuchereien gehoben werden. Jede Zufuhr von Gasen verändert den Energiestatus der Umgebung, und die verschiedenen Räuchereien setzen spezifische Energiewellen frei. Der Rauch von Kräutern, Harzen, Samen oder Blüten ersetzt niedrige und negative Schwingungen durch höhere Energiewellen – das Energieniveau wird insgesamt erhöht.

Will man Räuchereien gezielt für bestimmte Zwecke einsetzen, sollte man sich vorher genau überlegen, was man erreichen will – es gibt kaum ein Gebiet, auf das sich Räuchereien nicht positiv auswirken würden.

Die Technik des Räucherns

Es gibt für die uralte Kunst des Räucherns keine feststehende Zubehörliste, doch die Hauptutensilien sind im Prinzip recht einfach: Sie benötigen eine Räucherschale und Räucherwerk.

Grundregeln des Räucherns:

- Wählen Sie den Ort so aus, daß genügend Abstand zur Zimmerdecke besteht. Regale oder Nischen sind wegen der Feuergefahr nicht geeignet, und auch Durchzug sollte vermieden werden.
- Legen Sie das Räucherwerk auf einem Teller bereit.
- Stellen Sie die Räucherschale auf ein Stövchen (ohne Teelicht) oder – wenn es sich um eine Marmor- oder andere Steinplatte handelt – direkt auf den Tisch. Manche Tonschalen haben drei Füßchen, bei diesen kann man natürlich auf das Stövchen verzichten.
- Räumen Sie die Umgebung rings um die Räucherschale frei, insbesondere müssen alle brennbaren Gegenstände (auch Tischdecken) beseitigt werden.
- Füllen Sie etwas Sand in die Räucherschale (er bietet Schutz vor zu großer Hitze und Funkenflug), und stellen Sie ein Gefäß mit Wasser bereit.
- Legen Sie eine Kohletablette sowie eine größere Pinzette zurecht. Es gibt Pinzetten, deren Griff durch eine Ummantelung vor Hitze geschützt ist, diese eignen sich am besten.
- Stellen Sie eine brennende Kerze neben die Schale.

- Brennen Sie nun in der Kerzenflamme die Kohletablette an. Wenn Sie glüht, legen Sie sie in die Mitte der Räucherschale auf den Sand.
- Legen Sie die Räuchereien auf die Kohletablette, sie fangen dann langsam an zu verglühen.
(Um das Verglühen in Gang zu bringen, bietet es sich an, mit der Hand, einem Fächer, einer Feder oder ähnlichem etwas Luft zur Glut zu fächeln, so wie man es von Kaminfeuern oder vom Grill her kennt.)
- Wenn alle Räuchereien verglüht sind, sollte die Kohletablette mit der Pinzette wieder entfernt und im bereitstehenden Wasser abgelöscht werden. Laufen Sie nicht mit der glühenden Kohletablette quer durch die Wohnung zum Wasserhahn, die Brandgefahr ist zu groß!
- Legen Sie die nasse Kohletablette dann auf einem bereitgestellten Teller ab.

Viele Räucherfans legen ihre Räuchereien – ohne Sand und ohne Kohletablette – direkt in die Schale und zünden sie an. Der Vorteil bei dieser Technik besteht darin, daß die Substanzen pur verräuchert werden. Nachteilig wirkt sich hierbei die höhere Hitzeentwicklung in der Räucherschale aus – es bleibt eine meist nicht mehr zu entfernende Kohlenkruste zurück.

Bei Metallschalen sollte man allerdings wegen der unmittelbaren Hitzeleitung immer Sand als Untergrund für das Räucherwerk wählen. Er schützt außerdem vor dem eventuellen Anschmelzen minderer Legierungen.

Falls Sie Ihre Räuchermischung selbst herstellen möchten, empfiehlt es sich, einen *Steinmörser* anzuschaffen. Denn getrocknete Blüten, Kräuter oder Samen müssen zu Pulver zermahlen werden, damit sie mit den Harzen vermischt werden können. Die Harze werden dafür in einem Wasserbad verflüssigt und das Pulver mit einem Holzlöffel untergehoben. Auch hierbei sollten keine Löffel aus Metall verwendet werden, um ein Untermengen von Metallbestandteilen zu vermeiden.

Räuchern für Heilzwecke

Gegen jedes körperliche Leiden hält die Natur ein Kraut bereit, und wir alle kennen die heilende Wirkung von Kräutertees oder anderen naturmedizinischen Anwendungen. Die Heilkräuter entfalten ihre Wirkung aber nicht nur als Tee oder öliges Konzentrat – sie kann auch durch Verräuchern aktiviert werden. Bei der Verwendung von Heilkräutern sollte streng auf die Qualität geachtet werden. Pfefferminztee aus Teebeuteln schmeckt zwar nach Pfefferminze, ist aber selten von großer Wirkung. Heilkräuter aus der Apotheke unterliegen dagegen ständigen Kontrollen und sind garantiert wirksam. Hier sollte nicht an der falschen Stelle gespart werden.

> **Das Verräuchern von Kräutern kann den Heilungsprozeß bei Krankheiten unterstützen.**

Die Wirkung der Heilkräuter verdoppelt sich natürlich, wenn man sie als Tee trinkt und gleichzeitig verräuchert.

Setzen Sie bei der nächsten Grippe doch einmal spezielle Kräuter als Gegenmaßnahme ein – insbesondere alle von Pfarrer Kneipp empfohlenen Kräuter können dafür benutzt werden. Fühlen Sie eine Erkältung heranziehen, kann mit Pfefferminze oder Kamille geräuchert werden, bei Husten und Bronchitis kann eine Räucherei mit Thymian schnell Einhalt gebieten.

> **Das Räucherritual bietet eine gute Gelegenheit, einmal über den möglichen Hintergrund einer Erkrankung nachzudenken.**

Oftmals bietet ein Schnupfen eine fast willkommene Auszeit für die Seele, die unter Umständen schon lange von einem bestimmten Lebensumstand »die Nase voll hat«. Stellen Sie zum Beispiel fest, daß Sie im Grunde schon lange keinen Spaß mehr an Ihrem Job haben, nehmen Sie sich die Zeit, sich diesem Problem zu stellen. Meistens erscheint es zunächst unmöglich, an der Situation etwas zu ändern. Sätze wie »Ich brauche das Geld«, »Wie soll ich denn so schnell einen anderen Job bekommen?«, »Die Lage auf dem Arbeitsmarkt ist viel zu schlecht« usw. blockieren dabei zunächst häufig jede ernsthafte Auseinandersetzung mit dem Problem.

Doch wenn man bereit ist, eine Erkrankung als Warnsignal oder »Notbremse« der Seele zu sehen, sollte man anerkennen, daß der eingeschlagene Lebensweg trotz scheinbarer Sachzwänge eben nicht der Weg ist, den die Seele gehen möchte. Ihr Innerstes kann nicht mit logischen Argumenten überredet werden, etwas zu ertragen, was es nicht ertragen will, besonders wenn damit die Vernachlässigung der eigenen Lebensaufgabe einhergeht.

Wenn man erkennt, daß man in einem typischen »Sackgassen-Denken« gefangen ist, das letztendlich zur Erkrankung geführt hat, kann eine Räucherei weiterhelfen. Der Geist sollte gereinigt und für größere Dimensionen geöffnet werden, dadurch können Auswege und neue Lösungsansätze erscheinen. Dabei muß man sich selbst innerlich die Erlaubnis erteilen, alle aktuellen Lebensumstände als variabel anzusehen. Erst dann kann der Geist im freien Raum nach dem richtigen Weg suchen. Spirituell anregende Substanzen wie Weihrauch, insbesondere aber auch Salbei, können die Öffnung für neue Blickwinkel sehr erleichtern.

Sobald man beginnt, Erkrankungen nicht mehr rein körperlich zu sehen, sondern auch die seelisch-geistigen Ursachen mit einzubeziehen, sind weitreichende Veränderungen nicht ausgeschlossen. Und nicht selten verschwinden Fieber und Husten innerhalb weniger Stunden, wenn man die seelische Ursache erst einmal gefunden hat.

> **Räucherrituale können helfen,
> geistige Sackgassen
> zu verlassen und
> neue Wege zu beschreiten.**

Doch um an die seelischen Wurzeln einer Krankheit zu gelangen, ist es meist nötig, zunächst einmal die körperlichen Beschwerden zu lindern und innere Ruhe zu erlangen.

Obwohl Räuchereien mit Kräutern dabei oft gute Dienste leisten, sollte bei ernsten Erkrankungen natürlich nicht auf einen Arztbesuch verzichtet werden.

Die Reinigung der Atmosphäre

Im Alltag macht sich kaum ein Mensch Gedanken darüber, ob die ihn umgebende Atmosphäre gut oder schlecht ist. Wir sind es gewohnt, an gute Lüftung von Räumen oder angenehme Temperaturen zu denken, aber den Energiezustand unserer Umgebung vernachlässigen wir sträflich. Die Energiewellen, die uns stets und überall umgeben, sind aber mindestens ebenso wichtig wie der Wintermantel, den wir bei Frost selbstverständlich tragen. Das, was wir im allgemeinen »Atmosphäre« nennen, ist ein komplexes Energienetz, welches uns permanent umgibt. Die Einflüsse der Energiewellen sind ebenso stark wie andere Einflüsse unserer Umgebung – zum Wohlfühlen müssen nicht nur Raumtemperatur und Luftfeuchtigkeit stimmen, es muß auch eine »gute Atmosphäre« herrschen.

Der energetische Zustand unseres Umfeldes hängt von vielen Einflüssen ab, insbesondere aber von den Menschen, die sich mit uns zusammen in einem Raum aufhalten. Es muß nicht immer die sprichwörtliche »dicke Luft« sein, die eine Atmosphäre drückend oder schwierig macht. Wenn wir mit mehreren Menschen in einem Büro zusammen arbeiten, tragen alle zur Gestaltung der Atmosphäre bei. Jeder sendet dauernd unbewußt Energiewellen aus. Hat einer der Kollegen einmal einen schlechten Tag, kann sich nicht konzentrieren oder vergißt ständig, was er gerade tun wollte, so befinden sich diese störenden Schwingungen in der Atmosphäre aller. Es soll hier zwar kein Plädoyer für eine »energetische Quarantäne« gehalten werden, aber die Atmosphäre muß nicht aus einem Wirrwarr vieler sich widersprechender Wellen bestehen: Durch reinigende Räuchereien kann die Atmosphäre gesäubert werden, wie man Staub von einer Tischplatte wischen kann. Als Rückwirkung kann es dann sogar passieren, daß der unkonzentrierte Kollege plötzlich wieder »klar« wird und der schlechte Tag »wie weggeblasen« ist.

Mit Räuchereien können Sie die Atmosphäre in Ihrem Büroalltag reinigen.

Besonderen Belastungen sind Räumlichkeiten mit regem Kundenverkehr ausgesetzt. Hier lassen die kommenden und gehenden Menschen ihre Energiewellen zurück, und es entwickelt sich meist eine hektische und mit Störungen belastete Atmosphäre, die es den Angestellten schwer macht, bei der Sache zu bleiben. Diese Jobs bringen es oft mit sich, daß man sich abends wie zerschlagen und ausgelaugt fühlt. Vom ständigen Kommen und Gehen abgehackte, kurze Energiemuster und das Abfließen guter Energien sind die Ursache. Oft ist es aber gerade in solch belasteten Atmosphären schwierig, zu räuchern; meist ist es verboten, oder man unterläßt es freiwillig, um nicht für verrückt erklärt zu werden. Im Zweifelsfall kann in solchen Situationen nur eine nachträgliche Reinigung helfen: Es empfiehlt sich, zu Hause als Beginn der energetischen Reinigung zunächst zu duschen und danach ein Räucherritual durchzuführen.

In den eigenen vier Wänden können glücklicherweise jederzeit Reinigungen der Atmosphäre durchgeführt werden. Auch zu Hause hängen nämlich Energiemuster in der Luft, da alle Familienmitglieder ihre energetischen Wellen verbreiten. Stimmungen, Gedanken und Gefühle strahlen als Energiemuster in die Umgebung ab und bleiben erhalten.

Ein typisches Beispiel ist folgender Teufelskreis:
Ein Mensch macht sich den ganzen Abend lang zu Hause trübe Gedanken. Am nächsten Morgen verläßt er seine Wohnung und läßt die Fenster verschlossen. Tagsüber bei

der Arbeit findet sich eine Lösung für das zuvor unlösbar scheinende Problem, und im Grunde wäre damit die Ursache der Mißstimmung am Vorabend beseitigt.

Doch als der Mensch in seine Wohnung zurückkehrt, verfällt er wieder in dieselbe schlechte Stimmung, diesmal ohne erkennbaren Grund. Was ist passiert? Die energetisch niedrigen Schwingungen sind in der Wohnung erhalten geblieben und wirken erneut über die Aura auf die Seele ein. Die jetzt eigentlich überholten trüben Energiemuster des schlechten Gefühls müßten entfernt werden. Doch die meisten Menschen wissen nicht, wie ...

Grundregeln zur Säuberung der Atmosphäre von unerwünschten Schwingungen:

- Öffnen Sie alle Fenster, und lüften Sie einige Minuten durch, bis Sie das Gefühl haben, daß genügend niedrige Energien abgeflossen sind.
- Schließen Sie die Fenster wieder, und bereiten Sie eine Räucherschale vor. Mit Weihrauch, Salbei oder Rosenblättern kann nun die Atmosphäre gereinigt werden.
- Eine tragbare Räucherschale eignet sich hervorragend für die energetische Reinigung, da man mit ihr durch alle Räume gehen kann.

Natürlich gibt es noch umfangreichere Reinigungsrituale, aber als energetische Grundsäuberung ist das Lüften und Räuchern meist sehr effektiv.

> **Nach einer energetischen Reinigung
> der Atmosphäre
> lassen sich alle Dinge
> unbeschwerter in Angriff nehmen.**

Man kann beispielsweise räuchern, bevor man mit dem Kochen beginnt, ein neues Buch liest oder eine Bewerbung schreibt. Eine gereinigte Atmosphäre ermöglicht unserem Geist, sich frei und unbefangen auf die Erfordernisse des Alltags einzustellen, ohne von einem energetischen Durcheinander abgelenkt und gebremst zu werden.

Die energetische Reinigung von Räumen

Die Reinigung der Atmosphäre hebt das gesamte Energieniveau der behandelten Räume an und ermöglicht eine freie Bewegung in ihnen. Manchmal jedoch sitzen energetische Störfelder besonders fest. Hierfür gibt es eine Reihe von Ursachen:

- Die Anwesenheit vieler verschiedener Menschen in einem Raum führt zu einem Energiewirrwarr, das sich durch ständiges Kommen und Gehen zusätzlich verstärkt. Dies kann auch für das eigene Wohnzimmer gelten, wenn es sich um eine große Familie handelt oder viel Besuch empfangen wird.

- Ständig vorhandene Energiemuster können sich an Gardinen, Möbeln oder andere Gegenstände heften. Wenn sich ein Mensch beispielsweise über längere Zeit in einer bestimmten Gemütsverfassung befindet, werden sich in seiner Wohnung die entsprechenden Energiewellen überall festsetzen.

- Auch nach der Reinigung des Raumes mit Hilfe einer tragbaren Räucherschale können sich störende niedrige Energiewellen noch in den Zimmerecken oder am Boden halten.

- Haben Menschen in einem Raum miteinander gestritten, sind aggressive Streitenergien für lange Zeit – manchmal sogar über Jahre – vorhanden. Zur Vermeidung erneuter Streitereien sollte an diesem Ort dringend geräuchert werden.

- Ein schwieriges Thema ist die energetische Reinigung von Räumen, in denen ein Mensch gestorben ist. In vielen Teilen Asiens werden diese Räume – besonders in Krankenhäusern – sehr gründlich energetisch gereinigt, um eine Verbreitung der Todesschwingungen zu verhindern. Meist reicht hier das Räuchern allein jedoch nicht aus. Begleitende Gebete, eventuell Musik und andere energetische Reinigungsmethoden werden oft miteinander kombiniert. Hierfür gibt es Fachleute, die sich mit diesen besonderen Arten der Energiearbeit auskennen.

- Baut man ein Schlafzimmer in ein Arbeitszimmer um, könnte es sein, daß sich die Energien des Schlafes in dem Raum halten. Es wird niemanden überraschen, daß die Arbeit in diesem Zimmer schwerer von der Hand geht und von verstärkter Müdigkeit begleitet wird.

Um einen Raum energetisch gut zu reinigen, muß man genauso gründlich vorgehen wie bei einem Frühjahrsputz. Die tragbare Räucherschale sollte in alle Ecken geschwenkt werden, damit der Rauch alle Wände und den Boden erreicht. Nachdem er eine Zeit lang, vielleicht zwei oder drei Stunden, in dem Raum gewirkt hat, kann gelüftet werden. Sind immer noch unangenehme Schwingungen spürbar, sollte die Räucherei wiederholt werden, wobei es sich empfiehlt, beim zweiten Mal eine andere reinigende Räuchermischung zu verwenden.

> **Ein »energetischer Frühjahrsputz« ist zu empfehlen, um die Wohnung von störenden Schwingungen zu befreien.**

Wer viel Besuch bekommt, kann mit Räuchereien für Harmonie sorgen. Räuchern Sie einige Stunden vor dem

Eintreffen Ihrer Gäste, um eine frische und friedliche Atmosphäre zu erhalten. Nachdem der Besuch gegangen ist, wird der Raum durch erneutes Räuchern wieder neutralisiert, so daß man sich in ihm ohne äußere Einflüsse begegnen kann.

Übrigens reinigen viele Heilkundler und Therapeuten nach jeder Sitzung ihr Behandlungszimmer. So wird gewährleistet, daß die Energiemuster des vorausgegangenen Patienten nicht auf den folgenden übertragen werden. Zugleich schützt sich der Therapeut auf diese Art davor, selbst krankmachende Energiemuster aufzunehmen.

Vor allen reinigenden Räuchereien sollte gründlich gelüftet, gesaugt und geputzt werden – allein dadurch wird schon ein Teil der negativen Schwingungen entfernt.

Geeignete Substanzen für die energetische Reinigung

Fast alle natürlichen Substanzen haben neben ihrer spezifischen Heilwirkung auch atmosphärisch reinigende Eigenschaften. Es ist allerdings schwer zu sagen, welche Räucherei dabei für welches Energiemuster zu empfehlen ist. Einerseits ist oft nicht bekannt, welche Schwingungen sich in unseren Räumen verfangen haben, andererseits können alte energetische Wellen immer noch haften und nur von neueren Schwingungen überlagert sein.

Sie können sich bei der Auswahl der Substanzen aber auch auf Ihren Instinkt verlassen: Falls Ihnen beispielsweise bei der Vorbereitung einer Reinigungs-Räucherei zufällig einfällt, daß Sie ja noch Thymian im Schrank haben, versuchen Sie es einfach damit. Wer weiß – vielleicht haben Sie damit das effektivste Reinigungsmittel für Ihre persönliche Atmosphäre gefunden.

Hier einige bewährte reinigende Räuchereien und ihre Anwendungsgebiete:

- *Weihrauch* und *Salbei* sind sozusagen das Aspirin unter den reinigenden Räuchereien. Mit diesen starken Mitteln werden fast alle energetischen Wogen geglättet.

- *Rosenblätter* bewirken eine sehr feinstoffliche Räucherung. Es empfiehlt sich, sie erst als zweiten Reinigungsgang zu verwenden: Nach der Beseitigung des gröbsten energetischen Chaos' stabilisieren verräucherte Rosenblätter die hohen Schwingungen und sorgen für eine weiche, friedliche Atmosphäre.

- Eine *Salbei/Pfefferminz*-Räucherung kann sehr hilfreich sein, wenn ein Raum zukünftig anders genutzt werden soll – es ist eine starke Kombination, die wirklich alles erneuert. Nach dem Einräumen der Möbel kann dann mit weichem Räucherwerk – zum Beispiel Blütenblättern und einer Harzsorte – ein neues hohes

Energieniveau hereingebeten werden. Denken Sie jedoch daran: Nach den Umbauarbeiten sollte auch noch einmal geräuchert werden – andernfalls bleibt Ihnen die Unruhe und Anstrengung der Arbeiten als Energiemuster erhalten.

- In einem Raum, der für Aktivitäten vorgesehen ist, also zum Beispiel in einem Arbeitszimmer oder Fitneßraum, kann eine Räucherung mit *Rosmarin* sowohl reinigend wirken als auch für neuen Elan sorgen.

- In Räumen, in denen ein Mensch gestorben ist, kann – neben der gründlichen Lüftung – *Salbei* gute Dienste tun. Es ist ratsam, sich nach dem Räuchern in einem Sterbezimmer durch eine Dusche und anschließende andere Räuchereien auch selbst zu reinigen. Gute Dienste bietet hierbei auch eine Reinigung per Duftlampe: Träufeln Sie die *Bachblütenessenz »Crap Apple«* (aus der stock bottle!) in Wasser, und lassen Sie sie im Raum verdampfen. Anfänger sollten diese schwierige Reinigung vielleicht eher von einem Energie-Spezialisten durchführen lassen.

Es hat sich bewährt, das reinigende Räuchern zu einer regelmäßigen Gewohnheit wie den Hausputz werden zu lassen. So können sich störende oder negative Einflüsse nie lange in den Räumen halten. Probieren Sie doch einmal vier Wochen lang folgendes aus: Nach jedem

Hausputz räuchern Sie die Räume beispielsweise mit Weihrauch oder Minze. Beobachten Sie sich selbst in dieser Zeit: Haben Sie plötzlich viel mehr neue Ideen als sonst? Kommen alte, verschüttet geglaubte Wünsche wieder ins Gedächtnis? Beginnen Sie plötzlich mit einem Vorhaben, das Sie schon ewig hinausgeschoben haben? Solche Reaktionen auf das Räuchern sind nicht verwunderlich, denn in energetisch gereinigten Räumen haben Sie viel mehr geistigen und seelischen Platz. Belastende Schwingungen sind aus der Atmosphäre verschwunden, und Sie haben mehr Bewegungsraum auf allen Ebenen. Kein Wunder, wenn Sie nun vor Aktivität und Kreativität fast übersprudeln...

> **In einem energetisch gereinigten Raum können Sie anderen Menschen Ihren wirklichen Gefühlen entsprechend begegnen – ohne Irritationen durch fremde Energiemuster.**

Auch wenn es sich für Sie unglaublich anhört, einen Versuch ist es allemal wert! Die uns umgebende energetische Atmosphäre wird oft Jahrzehnte lang nicht gereinigt – und wer läuft schon gerne ständig in demselben Pullover herum, ohne ihn zwischendurch zu waschen?

Übrigens:

- Wer einen Lieblingssessel oder eine kleine Altarecke hat, kann diese Plätze mit besonders heiligem Rauch intensiver nachbehandeln. Hierfür bieten sich besonders Weihrauch und Rosenblätter an, sie verbessern die Bedingungen für die innere Einkehr.

- Das Räuchern zu Reinigungszwecken muß sich nicht auf die Wohnräume beschränken, auch im Freien – zum Beispiel im eigenen Garten – kann es sinnvoll eingesetzt werden. Eine Terrasse kann dabei wie ein Wohnzimmer im Freien betrachtet werden. Durch den Luftzug verfliegen Energien im Freien natürlich schneller, doch können sich auch hier Energiemuster halten, wenn man sich häufig an derselben Stelle aufhält. Auch der Grillplatz im Garten kann durch Räuchereien eine angenehme Atmosphäre erhalten.

Die spirituelle Reinigung

Von der Reinigung der Umgebung kommen wir nun zur inneren Reinigung – Rauch ist nämlich besonders dazu geeignet, die Seele und den Geist zu reinigen.

Dies kann nach Bedarf durchgeführt werden: Wenn man feststellt, daß man die spirituelle Ebene vernachlässigt hat, wenn sich alles Denken, Fühlen und Handeln nur noch um das Funktionieren im Alltag dreht, ist eine spirituelle Reinigung angezeigt.

> **Unsere Seele will nicht nur
> den Alltag bewältigen –
> sie braucht den Kontakt zu ihrem Ursprung,
> dem göttlichen Universum.**

Wenn Sie zum Beispiel auch am Wochenende immer nur an den Ärger am Arbeitsplatz denken, hält Ihr Alltag Geist und Seele gefangen. Sie benötigen dann dringend eine Auszeit, während der einmal alles andere draußen bleibt und nur die Öffnung zu den höheren Dimensionen zählt.

Im Grunde bedarf es nicht sehr viel Zeit oder Aufwand, um sich eine Weile vom Alltag ab- und dem Kosmos zuzuwenden – ein persönliches Räucherritual kann hierfür ein einfaches und wirkungsvolles Mittel sein. Alle *Harz-Sorten* sind spirituell reinigend und öffnen Seele und Geist für den Kontakt mit den göttlichen Energien. Auch unser Geist braucht diese Öffnung des Horizonts, um über die kleine Welt des Alltags hinauszugehen, denn er weiß um seine höheren Aufgaben und verlangt danach, spirituelle Zusammenhänge zu erkennen. Verwehren wir ihm die Verwirklichung dieses Bedürfnisses, leidet auch die Seele.

> **Lassen Sie sich durch Ihre Intuition
> leiten, erlauben Sie Ihrem Geist,
> größere Dimensionen zu erfassen und ins
> Grenzenlose zu schweben.**

Eine spirituelle Reinigung mit Naturharzen kann einen befreienden Effekt für Ihre Seele haben und Sie wieder mit dem Universum versöhnen.

Wichtige Grundregeln für die spirituelle Reinigung:

- Geeignet für die Räuchereien zur spirituellen Reinigung sind *Dammar, Benzoe, Kiefer, Lärche, Matrix* oder *Sandarak* – einzeln oder individuell gemischt. Atmen Sie den Harzrauch ein. Eine Atemübung zur Herstellung der inneren Ruhe ist besonders empfehlenswert.

- Sprechen Sie Ihren persönlichen Schutzengel an: Bitten Sie darum, wieder mit dem Ursprung Ihrer Seele in Kontakt zu kommen, und bitten Sie um Kraft und Energie für Ihre Seele.

- Eine Meditation kann die spirituelle Reinigung fördern.
  Wenn Sie mögen, können Sie sich auch eine Reise zu den Sternen vorstellen und sich an der Hand Ihres Schutzengels durch die Unendlichkeit führen lassen.

- Danken Sie für alle Sorgen, die Sie *nicht* haben und vergegenwärtigen Sie sich, was es in Ihrem Leben Positives gibt. Bitten Sie darum, den spirituellen Sinn in Ihrer jetzigen Lebenslage erkennen zu dürfen.

- Beenden Sie Ihr Ritual mit einem Gebet, und danken Sie für die kosmische Fürsorge, bitten Sie um einen »energetischen Schutzmantel« für Ihren Alltag.

Die Reinigung von Aura und Seele

Wir können es fast nicht vermeiden, daß uns im Alltag negative Energien begegnen. Wir sind ständig und überall Schwingungen ausgesetzt, die wir eigentlich nicht an uns heranlassen möchten. Bei der spirituellen Reinigung können Sie, wie oben beschrieben, um einen »energetischen Schutzmantel« bitten, der wie ein Puffer diese störenden Schwingungen abhält.

Dieser Schutzmantel hält allerdings nicht für alle Zeit, er muß häufiger erneuert werden. Es ist aber nicht immer und überall möglich, ein Räucherritual durchzuführen, und in der Hektik des Alltags kann es auch einmal vergessen werden.

> **Beugen Sie störenden Schwingungen durch einen »energetischen Schutzmantel« vor.**

Dann kann es zum Beispiel leicht passieren, daß uns der Wutausbruch eines cholerischen Chefs doch trifft und unsere Seele und Aura vergiftet. In Großstädten kann das energetische Wirrwarr der vielen Menschen eine zusätzliche Herausforderung für unseren Schutzmantel sein. Einige Menschen führen daher jeden Morgen ein Räucherritual durch, um einen Schutz für den kommenden Tag zu haben.

Aura und Seele: Die persönlichen Energienetze

Die Seele ist der feinstoffliche Kern unseres Selbst, sie ist unsterblich und könnte als persönliches Energiegeflecht bezeichnet werden. Sie weiß um die individuelle Lebensaufgabe und steuert uns über die Emotionen in die richtige Richtung. Die oben beschriebene spirituelle Reinigung durch ein Räucherritual kann der Seele helfen, sich gegen künstliche Einschränkungen zu wehren und sich ihren Raum zu bewahren.

Die Aura ist das Energiefeld, das unseren Körper umgibt, unsere persönlichen Energiestrahlen spiegeln den Zustand von Seele und Körper wider. Auf die Aura treffen von außen fremde Energiewellen, durch die sie sozusagen verunreinigt wird, was sich dann wiederum auf unser Befinden auswirkt: Unser persönliches Energiefeld gerät durcheinander. Natürlich gibt es auch den umgekehrten Fall, daß die Aura durch besonders schöne Ereignisse von außen positiv beeinflußt wird. Der Mensch ist kein in sich geschlossenes energetisches System, sondern steht in ständiger Verbindung mit seiner Umgebung.

> **Negative äußere Einflüsse schwächen unsere Aura und beeinträchtigen dadurch unser Wohlbefinden.**

Wenn zu viele negative Einflüsse von außen auf uns eindringen, wird die schützende Kraft der Aura geschwächt und unser Wohlbefinden beeinträchtigt. Es gibt eine Vielzahl von Möglichkeiten, die Aura zu reinigen und wieder zu kräftigen – eine davon ist das Räuchern.

Grundregeln für die Reinigung der Aura durch Rauch:

- Sie benötigen eine tragbare Räucherschale (am besten einen schwenkbaren Räucherbehälter, wie er in katholischen Kirchen benutzt wird) sowie eine Harzmischung – diese sind für die Reinigung der Aura am besten geeignet.

- Zünden Sie das Räucherwerk an, und beginnen Sie, das Räuchergefäß in Höhe der Füße um den Körper herumzuschwenken. Ein Abstand von zwanzig Zentimetern zum Körper ist meistens optimal, aber lassen Sie sich diesbezüglich ruhig von Ihrer Intuition leiten.

- Schwenken Sie das Räuchergefäß in einer spiralförmigen Linie – immer in derselben Richtung – um Ihren

Körper herum. Gehen Sie dabei immer ein Stück höher, schwenken Sie es über die Knie zu den Hüften und hoch zum Oberkörper.

- Die Bewegungen sollten langsam sein, damit der Rauch genügend Zeit hat, in die Aura einzudringen. Sie können auch mit der anderen Hand zum Körper hin fächeln, damit der Rauch die ganze Aura durchdringen kann.

- Schwenken Sie das Räuchergefäß am Schluß über dem Kopf, da sich die Aura dort ebenfalls ausdehnt.

- Es hat sich bewährt, das Räuchergefäß hinter dem Rücken von einer Hand in die andere zu wechseln, damit eine kreisende Bewegung ohne Unterbrechung möglich ist. Falls Sie damit Schwierigkeiten haben, bitten Sie Ihren Partner oder eine andere vertraute Person, das Schwenken des Gefäßes um Ihren Körper herum zu übernehmen.

- Die Räucherzeremonie kann – von den Füßen bis zum Kopf – noch einmal in einem größeren Abstand vom Körper wiederholt werden, dadurch erhalten Sie einen stärkeren »Schutzmantel« um Ihre Aura.

Die Reinigung der Aura befreit unser persönliches Energiefeld von störenden fremden Einflüssen und hat daher einen wohltuend klärenden Effekt. Der Zustand der rund um unseren Körper vorhandenen Energien hat eine unmittelbare Rückwirkung auf unsere Seele – Sie werden sich nach der beschriebenen Räucherzeremonie erleichtert und harmonisiert fühlen.

Schlechte Schwingungen vertreiben

Jeder weiß, was es bedeutet, wenn irgendwo »dicke Luft« herrscht, wenn also ein anderer Mensch Ärger, Streit oder Aggressionen um sich verbreitet. Viele von uns reißen instinktiv das Fenster auf, wenn der Betroffene endlich gegangen ist – eine gute Möglichkeit, zunächst die schlimmsten Energien abzuleiten.

Die negative und aggressive Ausstrahlung eines Menschen hinterläßt tatsächlich niedrige Schwingungen im Raum und verschlechtert damit das gesamte Energieniveau. Man sagt also völlig zu Recht, daß er oder sie »eine schlechte Atmosphäre verbreitet«: Die schlechten, also niedrigen Energiewellen bleiben zurück, auch wenn Betreffende schon längst gegangen ist. Selbst wenn man unvoreingenommen in einen Raum hineinkommt, kann man spüren, wenn es dort kurz zuvor Streit gab.

Auch in solchen Fällen ist das Räuchern bestens geeignet, Abhilfe zu schaffen:

- Lüften Sie den Raum zunächst gründlich, und schließen Sie das Fenster dann wieder.
- Wählen Sie reinigende Kräuter aus, und plazieren Sie eine Räucherschale möglichst in der Mitte des Raumes, um eine optimale Verbreitung zu erreichen.
- Es gibt tragbare Räucherschalen, mit denen man durch den Raum gehen kann, um den Rauch überall zu verteilen. Die an drei Ketten aufgehängten Schwenkgefäße, wie man sie aus der katholischen Kirche kennt, sind ebenfalls geeignet.
- Achten Sie darauf, ob sich die Atmosphäre im Raum nach der Räucherung für Sie angenehm und weich anfühlt. Wenn das Ergebnis noch nicht befriedigend ist, räuchern Sie am besten mit anderen Zutaten noch einmal nach, da manchmal mit einer Sorte Kräuter nicht alle negativen Energien beseitigt werden können.

Leider kann man diese Art, schlechte Energien eines anderen Menschen aus einem Raum zu vertreiben, nicht überall anwenden. Am Arbeitsplatz könnte es – falls Sie nicht das Glück haben, ein eigenes Büro zu besitzen – befremdlich wirken, wenn Sie Ihre Räucherutensilien auspacken, sobald der wütende Chef den Raum verlassen hat. Aber vielleicht haben Sie ja aufgeschlossene Kolleginnen und Kollegen, die Sie dabei unterstützen, das Büro wieder von negativen Einflüssen zu befreien – und sei es, daß nur jemand »Wache hält« ...

> **In den eigenen vier Wänden
> lassen sich Streitenergien
> durch eine Räucherzeremonie
> einfach auslöschen.**

Hat es mit Ihrem Partner oder in der Familie gerade Streit gegeben, können Sie durch eine Räucherzeremonie mit reinigenden Kräutern – zum Beispiel Weihrauch oder Salbei – die negativen Schwingungen entfernen.

Danach ist ein klärendes Gespräch oftmals um so fruchtbarer, da es zuvor durch die Streitenergien blockiert war. Eine energetische Reinigung des Raumes kann hier Wunder wirken.

Das Reinigen von Gegenständen mit Rauch

Niedrige oder störende Energien bleiben auch an Gegenständen, wie zum Beispiel Möbeln, haften. Besonders belastet können in dieser Hinsicht Antiquitäten sein: An ihnen hängen unter Umständen bündelweise fremde Energiemuster. Damit man diesen nicht ausgeliefert ist, sollte man Antiquitäten besonders gründlich reinigen. Das Abwischen mit einem nassen Lappen wirkt schon recht gut, ist jedoch zum Beispiel bei Polster-Sitzmöbeln nicht möglich. Diese können aber mit Hilfe von Rauch behandelt werden:

- Öffnen Sie alle Fenster, und halten Sie dabei die Türen zu anderen Räumen geschlossen, damit sich die angestauten Energien nicht im gesamten Wohnbereich verbreiten können.
- Wischen Sie die Sessel soweit wie möglich feucht, und saugen Sie sie anschließend mit dem Staubsauger ab.
- Klopfen Sie die Polster kräftig aus – es geht hier allerdings nicht um Staub, sondern darum, die alten Energiemuster zu lösen. Spülen Sie nach dem Klopfen unbedingt Hände und Unterarme unter fließendem Wasser ab, damit die losgelösten Energien von Ihren Armen abgeleitet werden.
- Lassen Sie die Fenster noch eine Weile geöffnet, damit die aufgewirbelten Energien abziehen können.
- Nach dem Schließen der Fenster kommt das schwenkbare Räuchergefäß zum Einsatz. Wie bei der oben beschriebenen Aura-Reinigung beginnen Sie am Boden und schwenken das Gefäß dann um das Möbelstück herum. Lassen Sie sich genügend Zeit, damit der Rauch auch wirklich auf das Möbelstück einwirken kann. Sie können den Rauch in Richtung Polster fächeln, um seine Wirkung zu verstärken.
- Gehen Sie zum Schluß mit dem Schwenkgefäß einmal durch den ganzen Raum, um die abgestrahlten Ener-

gien zu neutralisieren. Das Gefäß kann nun neben dem Möbelstück abgestellt werden und zu Ende räuchern.
- Gut geeignet für diese Reinigung sind Rosmarin, Pfefferminze, Majoran und natürlich Salbei oder Weihrauch.

Auch andere gebrauchte Gegenstände, wie zum Beispiel alte Bücher, Kleidungsstücke oder Teppiche, können auf diese Weise energetisch gereinigt werden. Von diesen Stücken mitgebrachte alte Energiemuster müssen aufgelöst und neutralisiert werden, damit sich Ihre eigenen Energien ungehindert mit ihnen verbinden können.

Womit kann geräuchert werden?

Alle Heilkräuter, -pflanzen und Blüten können zum Räuchern verwendet werden, wobei der Zusammensetzung von Räuchermischungen im Prinzip keine Grenzen gesetzt sind – vorausgesetzt, die Pflanzen, die verräuchert werden sollen, enthalten keine giftigen Bestandteile.

> **Alle eßbaren Pflanzen,
> die von Natur aus ungiftig sind,
> können zum Räuchern
> genommen werden.**

Ausgeschlossen sind natürlich jene Pflanzen, die erst durch Kochen, Einlegen in Milch oder andere Behandlungen entgiftet werden müssen.

Harze

Harz kann als eine Art »Wundsekret« der Bäume bezeichnet werden. Ist ein Baumstamm verletzt, scheidet er Harz aus, um die Wunde – quasi mit einer Art natürlichem

Pflaster – zu verschließen, bis sich dort neue Rinde oder eine rindenähnliche Vernarbung gebildet hat. Die Harzproduktion kann durch künstlich zugefügte Wunden angeregt werden.

In früheren Zeiten wurden Harze, besonders das von Kiefern, für die Gewinnung von Terpentinölen benötigt, die wiederum der Herstellung von Lackfarben dienten. Durch die Möglichkeit der synthetischen Herstellung vieler Produkte ist die Harzgewinnung stark zurückgegangen. Doch sind gerade in den Baumharzen viele Substanzen enthalten, die ein breites Wirkungsspektrum haben. Die gelblich-bräunliche harte Masse ist in Öl löslich, wodurch zähflüssige Balsame entstehen.

Die verschiedenen Harzarten und ihre Wirkung

Harz	Wirkung / Anwendung
Benzoe	Lindernd bei Erkältungen und Husten, Opferrauch für die Götter, spirituelle Erkenntnis, innerer Frieden, Trost
Bernstein (versteinertes Harz)	Schmerzlindernd, bei Rheuma, Verbindung zur Sonne und den alten Sonnenreligionen, Spender von Lebenskraft
Dammar	Beruhigend, besänftigend, meditativ, spirituell öffnend
Elemi (tropisches Baumharz, enthält viele ätherische Öle)	Reinigend, geistige Klarheit, fördert das Unterscheidungsvermögen

Fichte / Tanne (auch die Nadeln können zum Räuchern verwendet werden)	Belebend, nervenstärkend, kräftigend, heilend bei Atemwegserkrankungen, energetisch reinigend, Schutz vor negativen Energien
Kiefer	Stärkend, kräftigend, bildet energetischen Schutzmantel, Schutz vor negativen Energien oder Mächten, gut als Gegenzauber bei Verwünschungen
Lärche	Lindernd bei Atemwegserkrankungen, entkrampfend, kräftigend, anregend, reinigend, glückbringend, spirituell öffnend, bringt gute Energien
Mastix	Reinigend, ausgleichend, zentrierend in körperlicher und spiritueller Hinsicht
Sandarak (Zypresse)	Entspannend, krampflösend, lindernd bei Atemwegserkrankungen, energetisch reinigend
Styrax	Heilend bei Bronchitis oder Hauterkrankungen, reinigend, steigert Freude und Sinnlichkeit

Weihrauch, das heilige Räucherwerk des Westens

Das Räuchern mit Weihrauch gehört zu den traditionellen Praktiken der katholischen und orthodoxen Kirche. Gegen Ende des 5. Jahrhunderts nach Christus – also noch vor der endgültigen Teilung der Kirche in den römisch-katholischen und den orthodoxen Zweig –

wurde das Schwenken eines mit Weihrauch gefüllten Räuchergefäßes zeremonieller Bestandteil der Gottesdienste.

Wie viele christliche Rituale hat auch das Verbrennen von Weihrauch seinen Ursprung in vorchristlicher Zeit. Im antiken Kaiserzeremoniell wurde der heilige Weihrauch zu Ehren des gottgleichen Herrschers geschwenkt. Die Vorstellung, Stellvertreter Gottes auf Erden zu sein, ging vom antiken Kaiserbild auf den Papst der römisch-katholischen Kirche über, dadurch fand der Weihrauch als heiliger Rauch Eingang in das christliche Leben. Die christliche Urkirche kannte den Gebrauch von Weihrauch oder anderen Räuchereien nicht.

Die Herkunft des Weihrauchs (Olibanum)

Viele verschiedene Arten von Räuchermischungen werden heute als Weihrauch bezeichnet. Doch ursprünglich ist Weihrauch eine einzige – von Bäumen der Boswellia-Arten gewonnene – Harzart:

- Die Rinde wird angeritzt, das austretende Harz in einem besonderen Behälter aufgefangen. Einem Baum werden immer nur wenige Wunden zugefügt, um ihm nicht zu schaden.
- Nach einigen Tagen werden die Gefäße entleert, das so gewonnene Harz ist der reine Weihrauch.
- Das geerntete Harz wird gereinigt, nach Erhitzen in kleine Barren gepreßt und so für die Weiterverarbeitung vorbereitet.

Die Weihrauchbäume wachsen in Afrika, vorwiegend in Somalia, und in einigen arabischen Ländern. Bei uns kann reines Weihrauch-Harz über einige Apotheken oder spezielle Naturläden bezogen werden.

Meist wird Weihrauch mit anderen Harzen und Zusätzen vermischt.

Weihrauchmischungen

Die handelsübliche Form des Weihrauchs ist eine Mischung aus verschiedenen Harzen, wobei es keine Bestimmungen über den geforderten Mindestanteil von echtem Weihrauch-Harz in diesen Mischprodukten gibt. Da die Weihrauchmischungen häufig für rituelle Zwecke benutzt werden, sind die beigemengten Zusätze meist ebenfalls als heilig geltende Kräuter, Hölzer oder Harze.

Es gibt auch Weihrauch, der aus einer Harzmischung und vermahlenen Weihrauchblättern besteht. Allerdings wird dies bei der Inhaltsangabe meist nicht differenziert.

Die in den katholischen Gottesdiensten verwendete Mischung besteht überwiegend aus folgenden Bestandteilen:
- Weihrauch-Harz (Olibanum)
- Myrrhe
- Benzoe
- Storax
- Tolubalsam

Je nach Geschmack, Region oder Kirchentradition sind diesen Harzen bzw. Fetten zusätzlich pulverisierte Kräuter, Hölzer oder Blüten beigemischt.

So finden sich in handelsüblichen Weihrauchgemischen beispielsweise
- Zimtrinde,
- Lavendelblüten oder
- Rosenblätter.

Oft werden die genauen Zutaten und deren Mischungsverhältnis geheimgehalten.

Wer selbst seine persönliche Weihrauchmischung herstellen möchte, kann dies tun. In den Kapiteln *Persönliche Räuchermischungen* und *Spezielle Räuchermischungen* finden Sie einige Vorschläge dazu.

Hölzer

Für die europäischen Urvölker waren die heimischen Nadelbäume heilig. Das Kamin- oder Ofenfeuer im Winter verbreitete nicht nur wohlige Wärme, sondern auch den Duft von Tanne, Fichte, Kiefer oder Lärche, wodurch die Häuser während der kalten Jahreszeit gegen böse Geister oder sonstige negative Einflüsse geschützt werden sollten. Darüber hinaus konnten Kreislauf- und Erkältungskrankheiten positiv beeinflußt werden.

Das Holz von Bäumen und Sträuchern ist mit Harz durchsetzt, deshalb ist die Wirkung des Rauches verbrannter Zweige, Nadeln und Rinde mit der des verbrannten Harzes gleichzusetzen. Viele beliebte Hölzer, insbesondere von Sträuchern, werden teils als getrocknete Stückchen, teils in pulverisierter Form verräuchert, beides muß in jedem Fall trocken sein.

Am besten beziehen Sie Ihr Holz-Rauchwerk aus Apotheken oder Naturläden, denn nur hier haben Sie die Garantie, daß es sich um unbehandelte Substanzen handelt.

Natürlich kann man Zweige und Rinde von Sträuchern oder Bäumen auch beim Spazierengehen sammeln, doch sollte auf keinen Fall wahllos etwas abgerupft werden.
Falls Sie sich mit dem Schneiden von Bäumen nicht auskennen, fragen Sie einen Gärtner oder Förster. Es ist nicht Sinn der Sache, einen Baum nachhaltig zu schädigen oder einen Strauch ausbluten zu lassen.

Die verschiedenen Holzarten und ihre Wirkung

In dieser Tabelle (siehe nächste Seite) sind einige Bäume - z. B. Fichte, Tanne, Lärche usw. - nicht aufgeführt. Ihre Wirkung sehen Sie bitte in der Tabelle *Die verschiedenen Harzarten und ihre Wirkung* nach.

Holzarten	Wirkung / Anwendung
Apfelbaum	Stark reinigend, sowohl körperlich als auch geistig-seelisch
Birke	Fördert Kreativität, läßt den Geist in träumerische Sphären wandern
Buche	Verbindung mit dem Kosmos, spendet Weisheit und Klarsicht, verhilft zu gutem Urteilsvermögen, Gerechtigkeit
Eichenrinde	Adstringierend bei Entzündungen und Wunden, energetisch reinigend auf der bodenständigen, erdigen Ebene des Alltags, realistischer Blick wird gefördert
Weide	Macht geistig beweglich, fördert das kluge Nachgeben, macht widerstandsfähig
Zeder	Stark reinigend, sowohl körperlich als auch geistig, stärkend, seelisch kräftigend
Zimtrinde	Krampflösend, ausgleichend, sinnlich anregend, fördert das allgemeine Wohlbefinden und die Entspannung

Sandelholz

Sandelholz ist vorwiegend vom indischen Rauchwerk her bekannt, sein typischer Duft ist jedoch mittlerweile auf der ganzen Welt bekannt. Als Sandelholz werden verschiedene – nicht miteinander verwandte – Holzarten bezeichnet, die eine sehr ähnliche Wirkung haben und daher diesbezüglich zusammengefaßt werden können:

- In Indien werden vielerlei innerliche oder äußerliche Entzündungen mit Sandelholz behandelt.
- Es soll eine große Menge schützender Energie enthalten und eignet sich daher besonders für Schutzräucherungen der Aura, wenn man zum Beispiel in einer belasteten Atmosphäre arbeitet.
- Sandelholz gilt zudem als kraftspendend, sein Rauch soll die innere Ruhe fördern und die seelische Harmonie wiederherstellen.

Kräuter

So wie in der Kräutermedizin von den Heilkräutern zum Teil die einzelnen Pflanzenteile – also Blüten, Blätter, Stiele – im Hinblick auf eine gewünschte Wirkung unterschiedlich verwendet werden, können sie auch getrennt voneinander verräuchert werden.

Die verschiedenen Kräuter und ihre Wirkung

Kräuter	Wirkung / Anwendung
Beifuß	Kräftigend, Mut machend, energetische Reinigung, spirituelle Öffnung, Danksagung an die Götter
Johanniskraut	Beruhigend, ausgleichend, stimmungshebend, bewußtseinserweiternd, ermöglicht Kommunikation mit himmlischen Wesen

Kräuter	Wirkung / Anwendung
Lorbeer	Spirituelle Öffnung, Kontaktaufnahme mit dem Höchsten, Hellsichtigkeit, Trance für Wahrsagerei
Majoran	Nervenleiden, stark reinigend, stimmungsaufhellend, entspannend, Freude bringend
Melisse	Entkrampfend, schmerzlindernd, gegen Kreislaufprobleme und Schwindel, ausgleichend, stellt inneres Gleichgewicht wieder her
Myrrhe	Reinigung, erhöhte Bewußtseinszustände
Pfefferminze	Beruhigend, lindernd bei vielen Schmerzzuständen, reinigend, geistige Klarheit und innere Ausgeglichenheit
Rosmarin	Anregend, belebend (nicht vor dem Schlafengehen anwenden!), lindert Nervenleiden und Kreislaufprobleme, kräftigend, geistige Klarheit
Thymian	Krampflösend, Hustenmittel (auch bei Keuchhusten), lindernd bei Asthma und Bronchitis; geistige Horizonterweiterung, Entkrampfung des Geistes, Aufbruch zu neuen Ufern

Salbei

Der Lippenblütler Salbei kommt auf allen Kontinenten in vielen verschiedenen Arten vor und ist eine der ältesten Heil- und Arzneipflanzen der Welt. Sein Name läßt sich auf das lateinische Wort *salvare*, also »heilen« zurückführen.

Mit dem Salbei hat die Natur dem Menschen ein wertvolles Geschenk gemacht – seine Blätter enthalten ätherische Öle, Gerbstoffe und eine Vielzahl von anderen Substanzen, die eine umfassende heilende Wirkung verursachen. Eine synthetische Herstellung ist übrigens aufgrund der vielen enthaltenen Wirkstoffe nicht möglich.

Tee aus getrockneten Salbeiblättern wirkt
- leicht antiseptisch,
- harntreibend,
- blutstillend und
- schweißhemmend.

Dieses breite Wirkungsspektrum machte den Salbeitee zu einer Art Volksmedizin, die bei vielen Erkrankungen wie Erkältungen, Fieber aller Art, Stoffwechselproblemen oder Wunden eingesetzt wurde.

Der Rauch von verbrannten Salbeiblättern wirkt ähnlich heilsam, zusätzlich aber auch auf energetischer Ebene – er führt zu einer Reinigung von Atmosphäre und Aura, und störende Einflüsse werden durch ihn vertrieben.

Salbeirauch wirkt entspannend und verhilft zu seelischer Klarheit und Reinheit.

Die Vermutung liegt nahe, daß in den Tempeln der Antike zur energetischen Reinigung neben Weihrauch auch Salbei verwendet wurde.

Auch Wohnhäuser wurden zur Reinigung mit Salbei ausgeräuchert, besonders wenn die Bewohner starken negativen Einflüssen ausgesetzt waren. So wurden früher zum Beispiel Krankenzimmer zur Desinfektion mit Salbei ausgeräuchert.

Blüten, Samen und Staubgefäße

Neben den Blüten verschiedener Blumen und Kräuter können auch manche getrocknete Samen zum Räuchern verwendet werden. Jedes gute Kräuterbuch kann Auskunft geben, welche Samen sich als Heilmittel bewährt haben und dementsprechend für Räuchereien geeignet sind.

Die verschiedenen Blüten, Samen und Staubgefäße und ihre Wirkung

Blüten, Samen, Staubgefäße	Wirkung / Anwendung
Anis (getrocknete Früchte)	Krampflösend, Hustenmittel, lindernd bei Bronchitis (auch für Kinder geeignet!), wohltuend, entspannend, ausgleichend

Arnikablüten	Durchblutungsfördernd, anregend, entzündungshemmend, Mobilisierung der inneren Kräfte, Entspannung, motivierend, aktivierend, Tatendrang
Ingwer	Hilfreich bei Nervenleiden, entspannend, stimmungsaufhellend
Kamillenblüten	Entspannung, Wohlbefinden
Koriander	Zur atmosphärischen Reinigung von Räumen und Aura, Aura-Schutzmantel, Abwehr negativer Energien, entspannend, ausgleichend, innere Ruhe
Lavendel	Lindert nervöse Störungen, auch in den Wechseljahren, anregend, geistige Klarheit und Reinigung
Lindenblüten	Lindernd bei Erkältungen, schweißtreibend, antiseptisch, klärend, geistige Reinigung, Naturverbundenheit
Moschussamen	Wohltuend, ausgleichend, sinnlich anregend, aktivierend
Nelken	Energetisch reinigend, verstärkt intuitive und kreative Gefühle, sinnlich anregend, öffnet emotionalen Zugang zu höheren feinstofflichen Ebenen
Rhododendronblätter	Anregend für Herz und Kreislauf (nicht bei Bluthochdruck verwenden!), fördert Vertrauen und Zuversicht
Safran	Spirituelle Öffnung, besonders für Festtage geeignet, Fruchtbarkeit, Liebesmagie

Wacholder

Die dunkelblauen Beeren dienen nicht nur als Würzmittel für Speisen, sie sind auch in der Naturheilkunde sehr beliebt. Ihre Verwendung als reinigendes und wohlduftendes Räucherwerk geht vermutlich bis in die Vorgeschichte zurück. In manchen Kulturen wurde der Wacholderstrauch sogar als heilig betrachtet und für religiöse Räuchereien benutzt.

Das in getrockneten Wacholderbeeren enthaltene ätherische Öl wirkt anregend auf Nieren, Magen, Bronchien und den gesamten Stoffwechsel, und auch die Beschwerden bei Rheuma soll es gut lindern. Pfarrer Kneipp empfahl zur inneren Anwendung eine vierwöchige Wacholderkur, bei der allerdings Vorsicht geboten ist, da es bei Überdosierungen zur Überreizung der entsprechenden Organe kommen könnte. Das Räuchern mit getrockneten Wacholderbeeren gehörte ebenfalls zu den Heilmethoden von Pfarrer Kneipp, da es »die Luft verbessere«.

In früheren Zeiten wurde dem Wacholder eine starke mystische Wirkung zugesprochen, da man den Rauch für eine Art energetischen Schutzmantel gegen das Böse hielt. Alles Negative, ob Krankheiten, Stimmungen oder böse Geister, konnten mit dem Wacholderrauch vertrieben werden, die Atmosphäre wurde gereinigt und Heilung auf körperlicher, geistiger oder spiritueller Ebene erzielt.

Spezielles Räucherwerk für Festtage

Wie bereits erwähnt, sind Weihrauch und Salbei Bestandteile vieler Räuchermischungen, wie sie seit jeher zu den verschiedensten Anlässen verwendet werden. Auch die Räuchereien der antiken Völker wurden bereits vorgestellt.

Es gibt jedoch einige Räuchereien, die bei uns nicht sehr bekannt sind, in anderen Ländern jedoch gern und oft eingesetzt werden. Einige Beispiele sollen helfen, unser eigenes Spektrum zu erweitern, und uns ermutigen zu experimentieren. Bekannte Grundstoffe, wie zum Beispiel die Harze, können nach Belieben oder mit Blick auf eine gewünschte Wirkung kombiniert werden.

Safran

Safran, der sehr teure Blütenstaub einer speziellen Krokusart, gelangt als gelbliches Pulver in den Handel. Die wertvollen Staubfäden werden normalerweise zum Würzen und Einfärben von Speisen benutzt. Beim Räuchern mit Safran sollten immer nur wenige Staubfäden genommen werden, die einer Räuchermischung beigefügt werden.

Safran wird – insbesondere in Asien, Arabien und Afrika – traditionell bei Räucherzeremonien an sogenannten »Feiertagen des Lebens«, also Hochzeiten, Geburten usw. eingesetzt.

In manchen Kulturen wird auch bei Todesfeiern mit Safran geräuchert. Der religiöse Hintergrund ist hier meist die Wiedergeburt oder das Heimkehren in die göttlichen Sphären, der Rauch des Safran soll den Übergang in das neue Leben erleichtern.

Aber auch bei uns ist eine Räucherzeremonie mit Safran zu besonderen Anlässen – zum Beispiel bei Hochzeiten, zur Steigerung der Fruchtbarkeit und bei Geburten – bestens geeignet.

Veilchenblüten

Der zarte Geruch von Veilchen hebt die Stimmung, deshalb ist eine Räucherei mit den getrockneten Blüten besonders für Kranke, die leicht resignieren oder deprimiert sind, geeignet: Sie vermag in düsteren Zeiten Hoffnung zu wecken.
   Der Duft von Veilchenblüten paßt aber auch zu vielen Festen, die im Frühling stattfinden, zu freudigen Anlässen wie der Begrüßung des neuen Jahres oder Dankesfeiern.

Auch für persönliche Dankgebete, wenn man zum Beispiel eine lange Krankheit oder Krise überwunden hat, ist diese Räucherei wunderbar geeignet.

Heckenrosen oder Hagebutten

Die Herstellung von Hagebuttenmus ist weit verbreitet und sehr beliebt, nicht zuletzt wegen des hohen Anteils an Vitamin C in den Früchten. Doch man kann die Blüten dieser Heckenrose auch trocknen: Im Herbst werden sie gesammelt und auf Tüchern auf einer sonnigen Fensterbank getrocknet. Wie alle Blüten müssen auch die der Hagebutten richtig durchgetrocknet sein. Die Blüten können danach in einer Papiertüte verwahrt werden – Dosen aus Blech oder Plastik sind zum Aufheben von getrockneten Räuchereien nicht geeignet, da sich in ihnen Feuchtigkeit bilden und ihr Inhalt dadurch schimmeln kann.

Die Blüten der Heckenrose kräftigen das Gemüt, wie das Mus aus den Früchten den Körper. Bei labilen inneren Zuständen oder in schweren Krisen kann eine Räucherei mit den zarten Blüten äußerst hilfreich sein.

Räuchereien mit Hagebuttenblüten sind auch für alle Feiern im Herbst gut geeignet, sie können vorbeugend gegen drohende Winterdepressionen wirken.

Persönliche Räuchermischungen

Allgemein kann man sagen, daß sich alle Kräuter, Blüten und andere Pflanzenteile, denen seit altersher heilende oder lindernde Wirkungen zugesprochen werden, auch zum Räuchern eignen. Daher sollte man bei eigenen Experimenten lediglich darauf achten, daß es sich auch wirklich um Heilpflanzen handelt. Der Blick in ein Kräuterbuch kann Sicherheit geben, wenn man zum ersten Mal mit einer bestimmten Substanz räuchern möchte.

Manche Pflanzen, zum Beispiel einige Pilzsorten, sind nicht zum Räuchern geeignet, da sie giftig sind oder eine berauschende Wirkung haben. Diesen speziellen Gebrauch sollte der Laie lieber den Schamanen oder anderen Heilkundigen überlassen.

Räuchereien und Räuchermischungen gibt es in fast unüberschaubarer Vielfalt. Jede Kultur und jede Religion hat ihre eigenen Rezepte und speziellen Mischungen für besondere Anlässe.

> **Um eine persönliche Auswahl zu treffen, sollte man sich auf seinen Instinkt und vor allem die eigene Nase verlassen.**

Gerade beim Räuchern können wir uns besonders gut auf unsere Vorlieben und Instinkte verlassen. Wenn ein bestimmter Duft für unsere Seele eine besondere Bedeutung hat, werden wir ihn als ausgesprochen angenehm empfinden, was sich für einen anderen Menschen ganz anders darstellen kann.

Das mag sich sehr vage anhören, ist es aber nicht. Denn der Geruchssinn ist – wie bereits beschrieben – unser genauester und zuverlässigster Sinn. Düfte, die man schon immer als besonders angenehm empfunden hat, haben grundsätzlich einen ganz besonderen Bezug zur eigenen Persönlichkeit. Wenn Sie sich keinen schöneren Duft als den einer Rose vorstellen können, dann werden auch getrocknete Rosenblätter die wichtigste Zutat für Ihre persönlichen Räuchereien sein.

Besonders deutlich wird dieser Zusammenhang beim Moschusduft: Manche Menschen empfinden ihn als besonders anregend und sinnlich, andere stößt er geradezu ab.

Tips zum Herausfinden des geeigneten individuellen Räucherwerks

- Probieren Sie verschiedene Substanzen zunächst grundsätzlich ohne Beimischungen aus.

- Persönliche Räuchermischungen ergeben sich oft aus den eigenen Lieblingsdüften. Wenn Sie zum Beispiel den Geruch des Waldes lieben, nehmen Sie sich verschiedene Nadeln mit nach Hause, und trocknen Sie sie. Räuchern Sie mit Fichte, dann mit Kiefer oder Tanne. Welcher Geruch sagt Ihnen persönlich am meisten zu?

- Notieren Sie die Substanzen, die Ihnen besonders gefallen haben. Wenn möglich, schreiben Sie auch die Wirkung dazu, die dieser Geruch auf Sie ausgeübt hat. Auf diese Weise entsteht Ihr ganz persönliches »Räucherheft«.

- Testen Sie den Duft der verschiedenen Heilkräuter, und schauen Sie gegebenenfalls vorher in einem Kräuterbuch nach, welche Wirkung zu erwarten ist. Falls Sie körperliche Beschwerden haben, können Sie die Auswahl danach bestimmen.

- Viele Menschen haben eine besondere Vorliebe für bestimmte Gewürzkräuter, wie beispielsweise Salbei oder Oregano. Auch diese können zum Räuchern ausprobiert werden.

- Sie können auch bereits fertige Mischungen kaufen, achten Sie aber darauf, daß nur *natürliche* Zutaten enthalten sind! Oft sind ihnen, ebenso wie den Duftölen, synthetische Aromastoffe zugesetzt, die niemals so wie das eigentliche Kraut wirken.

Weniger ist mehr

In der Regel können Harze, Kräuter, Blüten und Hölzer gut untereinander gemischt werden, wobei man darauf achten sollte, daß sich die Wirkungen der einzelnen Bestandteile nicht widersprechen – beruhigendes Johanniskraut sollte also nicht unbedingt mit anregendem Fichtenharz gemischt werden. Grundsätzlich gilt auch hier »Weniger ist mehr« – die Menge der Zutaten ist nicht entscheidend. Im Gegenteil, einfache Räuchermischungen sind oftmals die besten, da eine bestimmte Duftrichtung intensiv auf unsere Sinne einwirken kann, ohne sie zu verwirren.

Insbesondere in der buddhistischen Tradition gibt es übrigens spirituelle Mischungen, die sehr viele verschiedene Substanzen beinhalten. Wenn man die Gelegenheit bekommt, eine solche Mischung fertig zu kaufen, sollte man sich das nicht entgehen lassen!

Spezielle Räuchermischungen (Rezepte)

Weihrauch und Rosen – die heilige Mischung

Es gibt wohl kaum eine edlere Mischung als die von Weihrauch und Rosen, wobei zu empfehlen ist, Weihrauch-Harz selbst mit pulverisierten Rosenblätter zu vermengen und nicht auf ein Harz mit zugesetztem Rosenöl zurückzugreifen.

Beim Trocknen der Rosenblätter sollten Sie unbedingt darauf achten, daß es sich um *ungespritzte* Blüten handelt. Rosen aus Blumenläden oder anderen Geschäften eignen sich daher *nicht* für die Herstellung von Rosenpulver.

> **Rosen aus Blumenläden eignen sich nicht für die Herstellung von Rosenpulver als Räucherwerk.**

Getrocknete Rosenblätter von ungespritzten Pflanzen kann man in vielen Apotheken kaufen; ansonsten bietet es sich an, im eigenen Garten zu sammeln: Man nimmt die Blätter von den Blüten, kurz bevor sie von selbst hinunterfallen würden.

Problematisch ist allerdings auch hier, daß Rosen sehr empfindlich und anfällig für Schädlinge, Pilze und Viren sind und deshalb oft chemisch behandelt werden müssen, damit sie nicht eingehen. Neuerdings ist das Pulver aus zermahlenem Niembaumsamen als natürliches und universelles Pflanzenschutzmittel auf dem Markt. Allerdings müssen die Samen frisch zermahlen werden, bevor das Pulver zu einer wäßrigen Lösung verarbeitet werden kann, denn nur dann zeigt es die gewünschte Wirkung. Von einem erfahrenen Gärtner können Sie gegebenenfalls sicher einige nützliche Tips zur natürlichen Rosenpflege bekommen.

Herstellung der Weihrauch-Rosen-Mischung:

- Sammeln Sie frische Rosenblätter, die Sie – mit einem sauberen Küchenhandtuch als Unterlage – auf einer sonnigen Fensterbank trocknen.
- Zerstoßen Sie die getrockneten Rosenblätter in einem Mörser so fein wie möglich, bis sich ein Pulver bildet.
- Erhitzen Sie Weihrauch-Harz in einem Wasserbad, bis es schmilzt. Die Temperatur sollte dabei nicht zu heiß sein, nur eben ausreichend, um das Harz zu verflüssigen.

- Rühren Sie dann das aus den Rosenblättern gewonnene Pulver mit einem Holzlöffel oder -stöckchen unter das geschmolzene Harz.
- Gießen Sie die Mischung in kleine, am besten dreieckige Förmchen. Die so geformten Bröckchen lassen Sie erkalten und ganz austrocknen.
- Bewahren Sie die Bröckchen trocken auf. Zum Räuchern kann dann je nach Bedarf ein Stück des selbstgemachten Räucherwerks genommen werden.

Diese Mischung ist pur und schlicht, da sie aus nur zwei Zutaten besteht. Dennoch haben diese beiden Bestandteile eine sehr starke Wirkung auf die feinstofflichen Bereiche der Seele.

Anwendung:

Die Mischung aus Weihrauch und Rosen ist sehr gut geeignet für religiöse, spirituelle und harmonisierende Rituale. Der Geist wird frei, die künstlichen Grenzen des Alltags lösen sich auf. Das Bewußtsein öffnet sich für die kosmische Harmonie, und die Seele findet auf den höheren Ebenen ihre Verbindung zum Göttlichen.

Die »Kraftmischung«

Alle Harze sowie die meisten Kräuter und Hölzer haben eine reinigende Wirkung. Darüber hinaus gibt es eine Art »Kraftmischung«, die benutzt werden kann, wenn große Mengen schlechter Energien auf Ihre Aura und Seele eingeströmt sind. Mit dieser Räucherei können Sie den negativen Wellen Einhalt gebieten und zum inneren Gleichgewicht zurückfinden.

Sie besteht aus
- Benzoe,
- Koriander oder Majoran und
- Apfelbaumrinde.

Herstellung der Reinigungsmischung:

- Schmelzen Sie das Harz im Wasserbad, und zerstampfen Sie die übrigen Zutaten in einem Mörser zu Pulver.
- Rühren Sie das Pulver mit Hilfe eines Holzlöffels in das flüssige Harz, und gießen Sie die Mischung in kleine Förmchen.
- Nach dem Abkühlen können Sie die Bröckchen entnehmen.

Weitere Spezialmischungen

Die Gebetsmischung

Zur Begleitung von Gebeten eignet sich besonders eine Räuchermischung aus
- Buchenrinde,
- Lavendel und
- Johanniskraut.

Herstellung der Gebetsmischung:

- Schmelzen Sie im Wasserbad das Harz aus der Rinde.
- Zerstampfen Sie die übrigen Zutaten in einem Mörser zu Pulver.
- Rühren Sie das Pulver mit Hilfe eines Holzlöffels in das flüssige Harz, und gießen Sie die Mischung in kleine Förmchen.
- Nach dem Abkühlen können Sie die Bröckchen entnehmen.

Höhere Kommunikation

Für spirituelle Räuchereien eignet sich eine Mischung aus
- Weihrauch,
- 2 Blättern Lorbeer,
- Myrrhe und
- Matrix.

Herstellung der Mischung:

- Schmelzen Sie das Harz im Wasserbad.
- Zerstampfen Sie die übrigen Zutaten in einem Mörser zu Pulver.
- Rühren Sie das Pulver mit Hilfe eines Holzlöffels in das flüssige Harz, und gießen Sie die Mischung in kleine Förmchen.
- Nach dem Abkühlen können Sie die Bröckchen entnehmen.

Klar und wach sein

Zur Kräftigung nach langen Krankheiten oder bei Erschöpfungszuständen empfiehlt sich eine Räucherei mit
- Tannen- und/oder Fichtenharz und
- Rosmarin.

Diese Mischung sollte nur am Morgen angewandt werden, da sie abends zu Schlafstörungen führen könnte. Eine solche Räucherei verleiht neue Kräfte, darf aber nicht als eine Art Aufputschmittel mißverstanden werden.

Wenn Sie einmal sehr erschöpft sind, versuchen Sie, Ruhe zu finden: Schlafen Sie viel, und essen Sie reichlich Obst und Gemüse.

Falls Sie sich ein ganzes Erholungswochenende gönnen können, nehmen Sie eine Räucherei mit den oben beschriebenen Substanzen in das Programm auf – ein anschließender Spaziergang kann dann wahre Wunder wirken. Der Körper wird angeregt und gekräftigt, und auch der Geist gewinnt neue Kraft und Klarheit.

Herstellung der Mischung:

- Schmelzen Sie das Harz (Tanne oder Fichte oder beides je zur Hälfte) im Wasserbad.
- Zerstampfen Sie die getrockneten Rosmarinnadeln in einem Mörser zu Pulver.
- Rühren Sie das Pulver mit Hilfe eines Holzlöffels in

das flüssige Harz, und gießen Sie die Mischung in kleine Förmchen.
- Nach dem Abkühlen können Sie die Bröckchen entnehmen.
- Alternative: Nehmen Sie die Masse aus dem Wasserbad, und lassen Sie sie abkühlen, bis sie lauwarm und zäh ist. Dann formen Sie mit den Fingern kleine Kügelchen oder Zylinder. Diese werden dann zum Erkalten auf ein Tuch gelegt und anschließend an einem trockenen Ort aufbewahrt.

Einheit mit der Natur

Wie oben bereits beschrieben, eignen sich für eine Räucherei zur Verbindung mit der Natur
- Eichenrinde (im Herbst) oder
- Lindenblüten (im Frühjahr).

Beide Substanzen sollten jeweils pur verräuchert werden.

Die sinnliche Mischung

Es gibt viele Mittel und Wege, die Sinnlichkeit anzuregen, wobei die Auswahl natürlich sehr vom persönlichen Geschmack abhängt. Sich Zeit füreinander zu nehmen, schöne Musik, Kerzenschein und ein gutes Essen können sicherlich eine Menge zu einer angenehmen Atmosphäre beitragen.

Darüber hinaus ist bekannt, daß Düfte – also zum Beispiel Parfüms oder Duftöle – die sinnlichen Stunden zu zweit sehr bereichern können. Es liegt auf der Hand, daß eine Räucherei mit einer die Sinne anregenden Mischung ebenfalls besonders zu empfehlen ist. Die unmittelbare Botschaft der Ingredienzen an den Geruchssinn bewirkt eine innere Entspannung und reinigt die Atmosphäre.

Die nachfolgend vorgeschlagene Räuchermischung soll als eine Art Basisrezept verstanden werden. Sie können die vier stark energetisch reinigenden und anregenden Substanzen mit Ihren persönlichen Lieblingsdüften verfeinern, um so Ihre individuelle Mischung zu erhalten. Die Grundmischung besteht aus:

- Weihrauch,
- Styrax,
- Sandelholz und
- Zimt.

Als Beimischung wären zum Beispiel

- Moschussamen,
- Rosenblätter oder
- Lavendel

denkbar, vorausgesetzt natürlich, beide Partner mögen die entsprechende Duftnote.

Fügt man Nelken oder insbesondere Safran hinzu, erhält man eine ganz besondere Liebesmischung mit sehr intensiver Wirkung.

Wo bekommt man die geeigneten Substanzen zum Räuchern?

Apotheken

Da alle Heilkräuter für medizinische Zwecke strengster Überwachung unterliegen, kann man beim Einkaufen in einer Apotheke sicher sein, daß man reine Substanzen ohne zugesetzte chemische Stoffe erhält. Viele Apotheker bestellen auf Wunsch auch außergewöhnliche Natursubstanzen. Die Auswahl an Pflanzensubstanzen und Harzen, die im Apotheken-Großhandel gelagert sind, ist unglaublich groß! Hier finden Sie alle Zutaten zur Herstellung feinster Räuchereien.

Natur- oder Bioläden

Viele Naturläden verkaufen ebenfalls Mittel zum Räuchern. Doch sollten Sie bei Ihrem Einkauf darauf achten, daß es sich wirklich um reine und natürliche Produkte handelt.

In letzter Zeit finden sich in sogenannten Naturläden häufiger auch künstlich hergestellte Aromastoffe, die genauso duften wie das gewünschte Produkt, aber nicht die entsprechende Wirkung aufweisen.

Die Produkte von *demeter* und *Bioland* sind allerdings garantiert natürlich angebaut und von ausgezeichneter Qualität. Pflanzen und Kräuter dieser Vereinigungen eignen sich ebenso gut für das Räuchern wie jene aus der Apotheke.

Eigene Herstellung

Im Sommer und Herbst können Kräuter und andere Räuchermittel selbst gesammelt und getrocknet werden.

Bitte achten Sie unbedingt darauf, daß die gesammelten Pflanzen nicht gespritzt sind!

Eventuell enthaltene chemische Giftstoffe werden beim Räuchern ebenfalls verbrannt und können sich zu gesundheitsgefährdenden Dämpfen entwickeln.

> **Selbst gesammelte Pflanzen müssen unbedingt ungespritzt sein.**

In der Regel sind Kräuter und Gräser von Weiden und Wiesen gut zu verwenden. Auch wenn viele Landwirte übermäßig viel Gülle und Dünger ausbringen, sind die *wild* wachsenden Kräuter meist noch relativ unbelastet, ebenso wie Büsche und Bäume von Knicks und anderen Ackerbegrenzungen. Dennoch sollte am Rand von Äckern mit Korn, Mais, Rüben, Raps oder anderen Zuchtpflanzen nicht unbedingt gesammelt werden.

In jedem Fall unbedenklich ist das Sammeln im Wald – hier sind besonders schöne Kräuter, Pflanzen und Harze zu finden.

> **Das Anritzen der Rinde zur Harzgewinnung muß gekonnt sein, um den Baum nicht zu schädigen.**

Harze kaufen Sie am besten in Apotheken oder Naturläden. Wenn Sie es mit der eigenen Herstellung probieren wollen, fragen Sie vorher den zuständigen Förster, bevor Sie einen Baum durch falsches Anritzen verletzen.

Nachwort

Wenn Sie die schöne alte Tradition des Räucherns in Ihren Alltag integrieren, erhalten Sie die Chance, Ihre Kräfte zu sammeln und zu innerer Ruhe zu gelangen.

Bereits durch die Vorbereitungen wird Ihre Seele eingestimmt auf eine Zeremonie der Ruhe und inneren Einkehr. Nehmen Sie sich soviel Zeit, wie Sie brauchen, um das Räuchern ganz bewußt durchzuführen. Es ist ein meditatives, spirituelles Ritual, das uns eine Pause inmitten des hektischen Alltags verschaffen kann.

Mit diesem Buch wollten wir Sie ermutigen, sich an die – gar nicht so schwierige – Kunst des Räucherns heranzuwagen. Wenn Sie sich die wenigen notwendigen Utensilien besorgt haben, kann es schon losgehen: Auf einem schönen Spaziergang werden Ihnen sicher einige Blumen, Kräuter oder Hölzer auffallen, die Sie zu Hause gut trocknen können. Oder fragen Sie einmal in Ihrer Apotheke nach, dort gibt es eine große Auswahl an Heilkräutern, mit denen Sie erste Versuche mit dem Räuchern machen können. Und vielleicht haben ja Ihre Freunde Lust, mitzumachen.

Viel Spaß dabei!

Anhang

Literaturhinweise

CASTANEDA, CARLOS:
Die Lehren des Don Juan. Ein Yagui-Weg des Wissens.
Fischer Verlag, Frankfurt am Main 1973.

CASTANEDA, CARLOS:
Eine andere Wirklichkeit. Neue Gespräche mit Don Juan.
Fischer Verlag, Frankfurt am Main 1973.

CAYCE, EDGAR:
Offenbarung des neuen Zeitalters. Das Atlantis-Geheimnis.
Wilhelm Heyne Verlag, München 1990.

CAYCE, EDGAR:
Berichte von Ursprung und Bestimmung des Menschen. Rückschau und Prophezeiungen des berühmten amerikanischen Sehers – aufgezeichnet von Lytle W. Robinson.
Goldmann Verlag, München 1979.

FISCHER-RIZZI, SUSANNE:
Botschaften an den Himmel. Anwendung, Wirkung und Geschichten von duftendem Räucherwerk.
Hugendubel (Irisiana), München 1996.

FREMANTLE, FRANCESCA und TRUNGPA, CHÖGYAM (Hrsg.):
Das Totenbuch der Tibeter.
Diedrichs' gelbe Reihe, Köln 1980.

HESS, UTA:
Die Sonne, Quelle und Urkraft des Lebens.
Wilhelm Heyne Verlag, München 1997.

HOEFLER, ANGELIKA und ATTI, MARIO:
Reinkarnationsforschung mit dem Pendel. Rückführung in Ihr persönliches Leben.
Edition Schangrila, Aitrang 1987.

HOMET, MARCEL F.:
Auf den Spuren der Sonnengötter. Die abenteuerliche Suche nach Zeugnissen der Atlantiden im Amazonasgebiet.
Verlag Ullstein, Berlin 1992.

HULKE, WALTRAUD-MARIA:
Handbuch der heilenden Energien. Die praktische Anwendung der heilenden Energien von Gedanken, Farben, Edelsteinen, Chakren und Pflanzenkräften.
Windpferd Verlagsgesellschaft, Aitrang 1990.

KING, SERGE KAHILI:
Der Stadt-Schamane. Ein Handbuch zur Transformation durch Huna, dem Urwissen der hawaiianischen Schamanen.
Verlag Alf Lüchow, Freiburg i. Br. 1996.

KING, SERGE KAHILI:
Kahuna Healing. Die Heilkunst der Hawaiianer.
Verlag Alf Lüchow, Freiburg i. Br. 1996.

KINGSTON, KAREN:
Creating Sacred Space With Feng Shui.
Broadway Books, New York 1997.

KNEIPP, SEBASTIAN:
Das große Kneipp Hausbuch. Handbuch der naturgemäßen Lebens- und Heilweise.

Hrsg. Dr. med. Josef Kaiser
Droemersche Verlagsanstalt Th. Knaur Nachf., München 1975.

PINKOLA ESTÉS, CLARISSA:
Die Wolfsfrau. Die Kraft der weiblichen Urinstinkte.
Wilhelm Heyne Verlag, München 1993.

ROSSBACH, SARAH:
Feng-Shui. Die chinesische Kunst des gesunden Wohnens.
Droemersche Verlagsanstalt Th. Knaur Nachf., München 1989.

TREBEN, MARIA:
Gesundheit aus der Apotheke Gottes. Ratschläge und Erfahrungen mit Heilkräutern.
Wilhelm Ennsthaler, Steyr 1990.

WATERS, FRANK:
Das Buch der Hopi. Nach den Berichten der Stammesältesten aufgezeichnet von Weißer Bär.
Wilhelm Heyne Verlag, München 1996.

ZIMMERER, E. M. (Hrsg.):
Kräutersegen. Die Bedeutung unserer vorzüglichsten heimischen Heilkräuter.
(Nachdruck 1973) Verlag Ludwig Auer, Donauwörth 1896.

Bezugsquelle

Brasilianische Räucherkegel können direkt von dort bezogen werden. Anfragen und Bestellung per Fax (auch auf Deutsch!) bei:

Gabriela Longobardi
Av. Higienópolis 938, Ap. 50
01238-000 Sao Paulo, Brasil
Tel. / Fax: 005511-8252072

Register

A
Ätherische Öle 38, 81 f., 127, 130
Alexander der Große 24
Amber 77
Apfelbaum 124
Apfelbaumrinde 140
Arnikablüten 129
Asthma 28
Aura 35 f., 52, 96, 107 ff., 114, 125, 127, 139

B
Beifuß 66, 125
Benzoe 106, 118, 121, 140
Bernstein 118
Birke 124
Bronchitis 28
Buche 124
Buchenrinde 140

C
Christentum 15

D
Dammar 106, 118
Dampfinhalation 27
Duftlampen 81 f.

E
Eichenrinde 59, 68, 124, 143
Elemi 118

F
Fichte 119, 122 f., 135

G
Germanen 17, 66
Geruchssinn 23, 39, 41 ff., 134, 144

Glaubensgrundsatz 15
Götter 18 f.
Griechen 17, 47

H
Hagebutten 132 f.
Halluzinationen 29
Harze 105, 109, **117 ff.**, 131 ff.
Heckenrosen 132 f.
Hellhörigkeit 22
Hellsichtigkeit 22, 25
Hölzer **121 ff.**

I
Indianer 28 ff.
Ingwer 129
Inhalieren 28

J
Johanniskraut 67, 125, 136, 140

K
Kamille 91
Kamillenblüten 129
Kelten 17, 66
Kiefer 106, 119, 122, 135
Kohlendioxyd 28, 38
Koriander 67, 129, 140
Kräuter 27, 71, 82, **90 f., 125 ff.**, 145 f.

L
Lärche 106, 119, 122 ff.
Lavendel 129, 140, 144
Lavendelblüten 122
Lindenblüten 59, 68, 129, 143
Lorbeer 84, 126, 141

M
Magie 17, 19
Majoran 115, 126, 140
Mastix 119
Matrix 106, 141
Melisse 126
Minze 67, 103
Moschussamen 129, 144
Myrrhe 26, 64, 121, 126, 141

N
Natur
 -essenzen 27
 -medizin 28
 -substanzen 11, 42, 145
Nelken 58, 67, 129, 144

O
Orakelkunst 24
Oregano 136

P
Papst 34, 120
Pfefferminze 49, 91, 101, 115, 126
Priester 20 ff., 60

R
Rauch
 -inhalation 27
 -signale 29
 -zeichen 28, 32, 33
Räucher
 -kegel 77 f.
 -schalen 79, 81, 88 f., 96, 109, 112
 -stäbchen 76 ff.
 -türme 32
 -utensilien 18, **75 ff.**, 112
Reinigung 12, 21 f.
Rhododendronblätter 129
Rituale 9 ff., 31, 33, 47, 51, 63, 69 f.

Römer 17, 26
Rosen 49
Rosenblätter 96, 101, 105, 122, 135 ff., 144
Rosmarin 102, 115, 126, 142

S
Safran 58, 129, 131, 144
Salbei 44, 55, 71 f., 92, 96, 101 f., 113, 115, 126 f., 131, 136
Sandarak 106, 119
Sandelholz 58, 77, 124 f., 144
Schamanen 29 f., 134
Slawen 17
Sonnenwendfeier 63 ff., 70, 73
Storax 121
Styrax 119, 144
Substanz 42, 58 ff., 82, 100 f., 134 ff., 142 ff.

T
Tanne 119, 122 f., 135, 142
Thymian 36, 49, 55, 91, 101, 126
Tolubalsam 121

V
Veilchen 132

W
Wacholder 130
Weihrauch 26, 34, 51, 53, 64, 77, 92, 96, 101 ff., 113, 115, **119 ff.**, 131, **137 ff.**
Wintersonnenwende 67 f.

Z
Zeder 124
Zimt 67, 144
Zimtrinde 122, 124